弟子規聖人訓首孝弟次謹信泛愛眾而親仁有餘力則學文父母呼應勿緩父母命行勿懶父母教須敬聽
父母責須順承冬則溫夏則清晨則省昏則定出必告反必面居有常業無變事雖小勿擅爲苟擅爲子道虧
物雖小勿私藏苟私藏親心傷親所好力爲具親所惡謹爲去身有傷貽親憂德有傷貽親羞親愛我孝何難
親憎我孝方賢親有過諫使更怡吾色柔吾聲諫不入悅復諫號泣隨撻無怨親有疾藥先嘗晝夜侍不離床
喪三年常悲咽居處變酒肉絕喪盡禮祭盡誠事死者如事生兄道友弟道恭兄弟睦孝在中財物輕怨何生
言語忍忿自泯或飲食或坐走長者先幼者後長呼人即代叫人不在己即到稱尊長勿呼名對尊長勿見能
路遇長疾趨揖長無言退恭立騎下馬乘下車過猶待百步餘長者立幼勿坐長者坐命乃坐尊長前聲要低
低不聞却非宜近必趨退必遲問起對視勿移事諸父如事父事諸兄如事兄朝起早夜眠遲老易至惜此時
晨必盥兼漱口便溺回輒淨手冠必正紐必結襪與履俱緊切置冠服有定位勿亂頓致污穢衣貴潔不貴華

友情提示

以真心周到服务
以实力精心制作
以精美完现创意

精装书籍前后均夹有衬纸，一年内不要扔掉，以防止封面中的水分渗透到内页，引起内页皱褶。新出厂的精装书籍，不要竖放，请平放，并在上方叠加其它书籍，以防止精装本外壳的变形。

力人彩印　LIREN PRINTING CO., LTD.
本书如有质量问题，请致电：13905926296

閩臺歷代方志集成·德化縣志·第2册

福建省地方志編纂委員會
德化縣地方志編纂委員會辦公室
整理

〔康熙〕德化縣志

（清）范正輅修，（清）林汪遠主纂
康熙二十六年（一六八七年）刻本

社會科學文獻出版社

圖書在版編目(CIP)數據

德化縣志. 第2册,[康熙]《德化縣志》/ 福建省地方志編纂委員會,德化縣地方志編纂委員會辦公室整理;(清)范正輅修;(清)林汪遠重訂;(清)方祚隆等纂. -- 北京:社會科學文獻出版社,2018.10
(閩臺歷代方志集成)
ISBN 978-7-5201-3664-8

Ⅰ.①德… Ⅱ.①福… ②德… ③范… ④林… ⑤方… Ⅲ.①德化縣-地方志 Ⅳ.①K295.74

中國版本圖書館CIP數據核字(2018)第233557號

·閩臺歷代方志集成·
德化縣志(第2册)
[康熙]《德化縣志》

整　　理 / 福建省地方志編纂委員會　德化縣地方志編纂委員會辦公室
纂　　修 / (清)范正輅 修;(清)林汪遠 重訂;(清)方祚隆等 纂

出 版 人 / 謝壽光
項目統籌 / 鄧泳紅　陳　穎
責任編輯 / 陳　穎

出　　版 / 社會科學文獻出版社·皮書出版分社 (010) 59367127
地址:北京市北三環中路甲29號院華龍大廈　郵編:100029
網址:www.ssap.com.cn
發　　行 / 市場營銷中心 (010) 59367081　59367018
印　　裝 / 福州力人彩印有限公司

規　　格 / 開　本:787mm×1092mm　1/16
印　張:43　幅　數:676
版　　次 / 2018年10月第1版　2018年10月第1次印刷
書　　號 / ISBN 978-7-5201-3664-8
定　　價 / 500.00圓

本書如有印裝質量問題,請與讀者服務中心(010-59367028)聯繫

出版前言

修國史，纂方志，固我中華民族百代常新之優秀文化傳統。志亦史也，舉凡方域區裁，川原濬辟，自然人事之變遷，經濟文明之演進，文圖在手，紀述備陳。于以啓新鑒古，積厚流光，資用于無涯。

德化自五代後唐長興四年（九三三年）置縣以來已有一千多年的歷史，先後十次編修《德化縣志》。然因時空轉移、朝代更迭、治權演替等，明天順二年（一四五八年）、萬曆三十二年（一六〇四年）、天啓元年（一六二一年）所修三志俱佚，現存完整的志書六部，另有一部爲民國三十六年（一九四七年）編纂而未全面完成的《德化縣志·資料、大事記》。

現存七部《德化縣志》中，除中華人民共和國成立後首輪編修的《德化縣志》尚有存量外，明嘉靖十年（一五三一年）及清康熙二十六年（一六八七年）、乾隆十二年（一七四七年）、乾隆五十七年（一七九二年）、民國十六年（一九二七年）編修的五部志書僅在少數大型圖書館中見有收藏，這些均是德化縣重要的地方歷史文獻。

［嘉靖］《德化縣志》，十卷，明許仁修，

蔣孔煬編纂，現珍藏于中國國家圖書館；［康熙］《德化縣志》，十六卷，清范正輅修，林汪遠重訂，現珍藏于上海圖書館及天一閣；［乾隆］《德化縣志》，十八卷，清魯鼎梅修，王必昌纂，現分別珍藏于中國國家圖書館、中國科學院圖書館、美國加州大學伯克利分校東亞圖書館。［乾隆］《德化縣續志稿》，不分卷，清蔣履修，楊奇膺續修，江雲霆纂，現珍藏于中國國家圖書館及南京大學圖書館等。［民國］《德化縣志》，十九卷，方清芳修，王光張纂，朱朝亨續修，蘇育南續纂，現分別珍藏于厦門大學圖書館、福建師範大學圖書館和德化縣檔案館。［民國］《德化縣志·資料、大事記》，鍾國珍修，蘇育南纂，僅在德化縣檔案館藏有手寫孤本。

爲保護優秀文化遺産，發揮志書存史、資政、育人的功能，福建省地方志編纂委員會、德化縣地方志編纂委員會辦公室決定聯合整理重印這六部《德化縣志》。精擇相關圖書館館藏刻本電子影像版爲底本，按照『修舊如舊』的原則，委托省内各大圖書館、高等院校、博物院等專業人士，逐版逐字精心校讐，清除污漬、修補斷綫缺筆，補其缺漏之處，明其模糊所在，力求完整準確，并新編志書目録，慎撰各書内容提要，以醒眉目。本次整理，得到省方志委原主任馮志農、主任陳秋

平，副主任俞傑、林浩，德化縣委原書記吴深生、書記梁玉華、常委劉惠煌，德化縣政府原縣長歐陽秋虹、縣長劉德旺、副縣長蔣文强的關心重視和大力支持，以及福建省方志委志書編輯處處長凌文斌、副調研員滕元明、曾永志博士，德化縣方志辦主任王世言、副主任科員許瓊蓉、志書編纂股股長林淑玲、年鑒編纂股原股長蘇祥實等以及聘用編輯許永汀、曾廣淞、黄繩維、陳春升的協助，使該志得以在較短時間内重印出版，爲福建省、德化縣舊志整理再添新作。在此，謹對給予福建省、德化縣舊志整理工作支持和幫助的領導和同志們表示衷心的感謝！

修志問道，以啓未來。通過重印再版這六部《德化縣志》，人們可以從中感受到德化歷史變遷的脉動，傳承德化獨特的地域文化根脉，體味生于斯長于斯的德化人特有的精氣神，也可以挖掘歷史智慧，爲建設實力、文化、美麗、幸福、清純的現代化瓷都和世界陶瓷之都提供歷史借鑒。

福建省地方志編纂委員會

德化縣地方志編纂委員會辦公室

二〇一七年十二月

新編目録

〔康熙〕《德化縣志》提要

〔康熙〕《德化縣志》由時任知縣范正輅主修，林汪遠主纂，教諭鄭默、訓導方祚隆、進士林模協纂。於清康熙二十六年（一六八七年）刊，共十六卷，分三十二門，約九萬七千字。上海圖書館、天一閣、臺灣『中央圖書館』藏有八册十六卷全刊本，德化縣方志辦藏有抄本，《中國地方志集成·福建府縣志輯》第二十七册收載影印上海圖書館藏本。

明天順二年（一四五八年），邑人監察御史凌輝曾纂修德化第一部縣志，惜未傳。明嘉靖十年（一五三一年），知縣許仁修成縣志十卷；其後於萬曆三十二年（一六〇四年）知縣周佑、天啓七年（一六二七年）知縣桂振宇曾兩度纂修縣志，均佚。康熙二十二年（一六八三年），邑庠生王夏聲應檄輯稿，仍多缺漏。康熙二十六年知縣范正輅重修，林汪遠依王稿重訂并刊。

范正輅，字載瞻，浙江鄞縣人，康熙五年（一六六六年）舉人，康熙二十五年任德化知縣。林汪遠，字希士，號涵蒼，湖南桂陽人，康熙五年舉人。

此志踵許仁之志重修，雖未立大綱，然事核而體嚴，可推爲方志之佳作，加上傳本稀少，蔚爲珍貴矣。

德化縣志序

志何昉乎蓋左史倚相能讀三墳五典八索九丘之書九丘者九州也九州之有志自昔已然迨後州分爲郡郡分爲邑郡有

紀邑有載總括其旨皆屬爲治之要在乎不没其實事以傳信於後世耳我

皇清宅中出治邁古軼今自

世祖章皇帝洎我

皇上御極以來翦除暴逆海宇乂
安文德誕敷禮興樂作亦既潤
色鴻業矣猶以未臻堯舜之治
內外大小臣工皆慎選賢能責
其治以加於民殆與上古選德

治民之道不謀而合也間有不贊如余者亦濫膺茲選丙寅秋八月來守溫陵顧瞻形勝洵爲閩越奥區人文之盛可與江左齊驅乃欣然而喜復又惴焉而

懼蓋懼德寡才鮮勿能率屬致治以滋不識羞是歲冬浙甬范子載聽以巍科世胄除德化令計深慮遠視邑事如家事慨然以崇文教正士習厚民俗課農

桑恤孤弱誅豪猾爲已任而樂
盡司牧之道焉繼則相厥所宜
揆厥所急縣署自宋熙寧迄今
遍毀兵火雖幾費營繕究未復
舊觀載瞻輿廢葺墜乃捐秩祿

創建堂宇及兩廊廡以肅民瞻實陽北鎮二樓久淪榛莽亦俱搆材整備以棲汛卒民益賴有衛焉若是者且勿論爰思德化自五代始名縣歷宋元明及我

盛朝數十百年其間政治之得失
人物之盛衰山川之異同風俗
之奢儉悉載邑乘皆關切治道
尤宜詳覈不徒拘牽故事徇名
失實必期芟汰蕪雜標領與要

上稟
王綱有當一代之令甲而後已
於是延致名儒參酌攷訂極其
周密草成復加諮討博稽編簡
稍涉舛戾者咸爲釐正若山川

則戴雲之池九仙之山皆各探
其本源辨析無遺若縣長吏則
宋元之有功利于民者悉多闕
畧皆蒐輯補入至於學校選舉
忠孝節義文章詞賦必核名實

相副者擇焉而登妖祥變異出於不經者疑寧從缺矣公矣慎卓然成書噫夫志之纂脩豈易言哉恒有人曰斯舉也必超於人方可任否則必不稱又曰必

狥於人始可行否則必得謗以
故中輟者多載贍有見於此是
以信之篤而成之敏也遂竣刻
以全編請余序余深喜載贍服
官甫數月輒著成績歷歷可觀

者如是夫能謀始者必克慎厥終將見次第展其經濟以實事顯於時信於後豈僅此數端而已余雖不敏亦將相率勉勵翼以共體

聖天子欲臻治堯舜之意庶幾仰
佐千百之什一詎不快乎遂忘
荒陋率以數言弁其首
康熙二十六年歲次丁卯菊月
上浣中憲大夫知泉州府事

古燕郝娍撰

德化縣志序

夫志者所以載一邑之政事民物山川田賦之大綱也幹處四明家遺天一閣藏書是冨搜覽簡編閱德化舊志固知邑處萬

山之巔之士產鮮人物無豐功
偉伐紀載舊乘然而風美俗厚
民庶殷富彬彬一禮樂名區也
丙寅冬恭膺
簡命來涖龍潯竊見士俗非故人

民稀少不復曩時紀載心竊疑之以爲所見不逮所聞思得一邑志以考證之不意擇接憲檄知無成書適施張之暇有鄭廣文方學博以一編授余乱

而讀之見其歌詩奏詠藝教并然採擇編纂更多詳備乃知二公之留意志事者久矣今略承乏茲土雖政績繁多不遑釐舉無已不得不褒厥事無已不得

不從公餘之頃切實而考訂之如星分則屬牛女封域則連七邑也邑分爲里者八里分爲社者三十有九也山則聳峙于鎭岐水則朝宗于省會也津梁關

隘與癈靡常物產民風簡朴如
昨也城垣公廨昔羅水圯不復
舊觀學校壇壝近賴人功得瞻
巍煥也典禮惟循乎舊章田賦
悉遵乎新制序記詞賦寧切無

華古蹟舊聞寧簡勿濫此邑志
之大槩去古不甚相遠者也若
夫遠稽人物則如陳僕射之勳
名著于史册鄧德安張龍州之
事業貽于社稷緒馬平之道學

傳於奕禩黄義烏之教澤洽于
人心官師之不容或畧者類如
斯也至里黨先達稱袁表者凌
侍御之功偉然賴太史之文炳
若林程以尚義而劃丁溪鄭沛

以謙謹而號君子其他或以文
華著或以長厚稱或以孝友重
鄉評或以端方式類俗以至閨
儀淑德逸躅高風指不勝屈是
與曩時之所習聞者斐然大異

烏得不亟爲表彰律役進而揚先德哉爰定卷帙付之棗梨閱三月而書成輅因是更有思焉夫考訂編纂輅之責也蒐羅採輯縉紳先生事也使異日者採

輶軒登史館俾作者恪然嘆慕
曰是志也事核而該體嚴而備
蔚然為一代信史之所資則皆
屬紳衿採輯之功而非輅之所
敢居也是為序　晉

康熙二十六年八月穀旦
泉州府德化縣知縣事四明
范正輅載瞻氏題于龍潯之
官署

重刻德化縣誌序

自一畫闢出文字而天地山川之奇無不盡洩於人間故雲鳥紀官則筆之墳典傳心則筆之舉從古神聖之聚精會神遂赫赫然在人耳目禹貢之爲書也敷土隨山刋木奠高山大

川至九州之貢道土邑貢惟與田賦
之上下錫土姓聲教訖於四海無不
畢載以成天下之大觀周禮之爲書
也辨方正位體國經野設官分職以
爲民極而冢宰司徒宗伯司馬司寇
司空之中纖悉不遺後人因其用宇

者古考工記之字又聱牙而不可讀
謂此書出於劉歆嘗從揚子雲作奇
字故用以入經祚隆見周禮典雅奧
深垂世立範寶懸日月不刊之書非
吕氏春秋淮南鴻寶所敢追奔頡頏
貸劉歆輩之所能辦也乎是知時有

今古事有創因聖君哲相之經營一道同風同與世推移而汲汲著書立言弗忍歷諸久而磨滅其心則一矣德化巖邑也隸於溫陵處萬山之中與尤溪大田永福永春相接壤然地脉紛而聳峙僬僥他邑故由來人文

毋多俊偉超奇地靈人傑是耶非耶
獨邑乘歷創設以迄於今無刻本錄
寫相沿弗能徧也恐弗能久洵此地
一大缺陷事也喜
邑侯載瞻范先生以鉅宗名儒擕宏琴
鼓龍潭之三月殷然念之課農訓士

之暇集縉紳耆老諸生網羅舊聞取
抄本而手自校脫者補之譌者釐之
剞劂勞深興晨繼晷圖書業就僅濮
章天環邑無貴賤遐覩願成樹與廢
之歌之今展卷犁然自禮樂兵農與
及於祥興僊釋細大畢收創從來未

有之舉德邑缺陷至今日而乃無憾
矣哉始基之矣後有同志薪火相傳
踵事增華歷諸久自不至磨滅此書
宜與天壤相敝也祚隆開山川清淑
之氣不鍾於人則鍾於物然物雖渾
金璞玉珍禽異獸奇花衣木不得與

人等故

朝
廷之所褒崇寵叟之所傳誦竹帛鐘
鼎之所銘勒幸於人為榮是以忠臣
孝子仁人義士烈女貞婦為天地立
心為國家植紀為宗族鄉黨流芳凡
賓客往來其地莫不停車駐足存則

指其門庭曰此廬是某之所居也𡋯則指其兆域曰此塚是某之所藏也徘徊顧望而不忍去所謂有儒而不在山之高有龍而不在水之深隸之於宇刻之於崴達之於通邑大都是天地間一幅莫大文字祚隆深望德

邑山川人物之所可記者此也刻成
輒贈先生命序濡毫盥手於是乎言

康熙丁卯孟秋朔日鄰治年家晚生
方祚隆頓首拜譔

德化縣誌序

德學居

誌何昉乎考列國之風山川人物政治興衰皆具其志乘權輿乎漢班孟堅作諸志典贍精詳稱一代良史非郡邑乘比然志名始此後有作者即志一郡一邑當以一代良史才作之始足信今而傳後德邑之設七百餘年志脩於淩邦輝侍御後庠友

王宴聲蒐輯補之尚多缺畧今邑侯
戴聨范父臺兩浙名家斯文哲匠彈琴涖
德取邑志新之考訂脩飾刮垢磨光弘綱
紀節燦然具備且周咨博謀汪逵亦以未
材佐一得爲書成付剞劂以垂不朽益
侯有良史才前司鐸秀水其邑志皆出手
裁業已懸諸不刊今取合德志讀之典贍

精核不讓班史曾南豐所稱明足周萬事
之理道足適天下之用文足發難顯之情
殆其兼之雖然坐而言何如起而行古來
有學有守之士出而司牧地無論劇易事
無論大小皆必辦之以長才臨之以小心
兢兢悉其風土人情措置施設以展經綸如
國醫於人洞見肺臟孰無病而宜五穀孰

有病而宜藥石皆實試之而輒效如志所載莆田陳公之經國勸農隆安林公之建塔濬溪奉化應公之勸獎士類崑山秦公之獨斷建學類皆以小心長才因乎地宜乎俗熟悉風土人情措置施設以展其經綸者也玆志之脩必詳必慎小心長才於焉見端而不徒爾也

侯爲人温和寬厚接士民藹然如家人父
子初下車詳咨民隱風土人情熟悉於心
而傳之於筆筆之書即以見諸行事嘗取
上諭十六條爲之解義家喻戶曉亹亹忘倦
且勤於課士累月論文校藝不少休力以
興起教化爲己任上佐
聖天子右文之治洵足與陳林應秦諸公輝

映先後然則茲志固足信今而傳後而力行善政以期於必傳則後之視今亦猶今之視昔也汪逵樂與觀厥成而弁及之謹序

康熙丁卯仲秋望日治年小弟林汪逵頓首拜譔

德化縣志總目

徭役　屯田

第九卷

官師上

第十卷

官師下

十一卷

人物上

十二卷

人物下　孝行　列女附

德化縣志圖

德化縣志圖

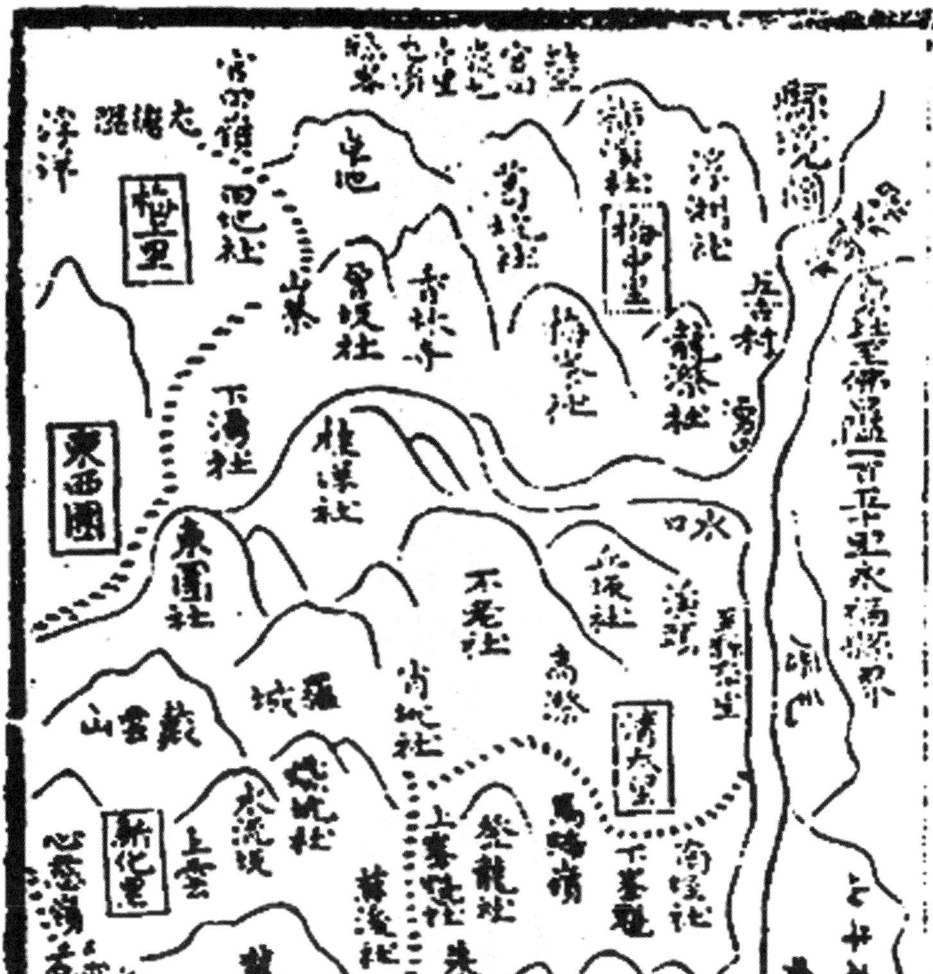

德化縣
東西團
東團社
新化里
戴雲山
上雲
龍潯
清泰里
梅中里
下湧社
不老社
上寨
下寨
朱紫
福洋
祖坑社
雙翰社
上甫社
下甫社
丁溪
龍門
洞口
鳳翔山

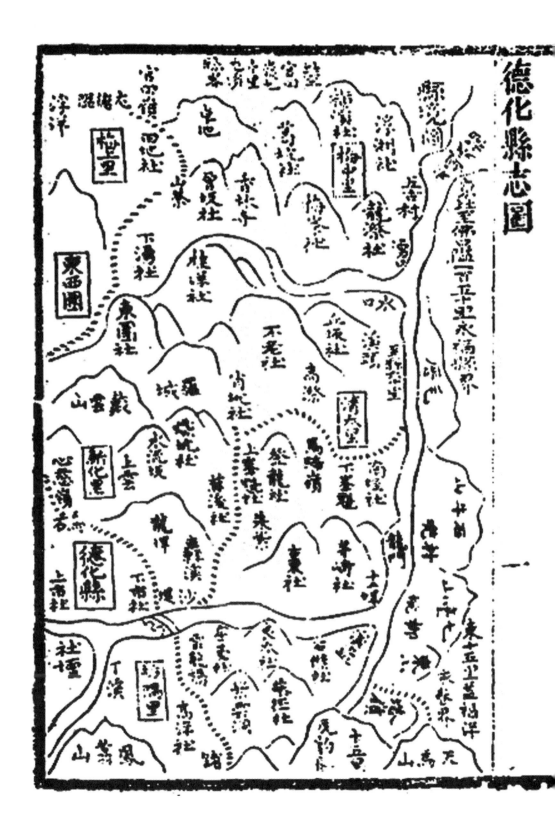

德化縣志圖

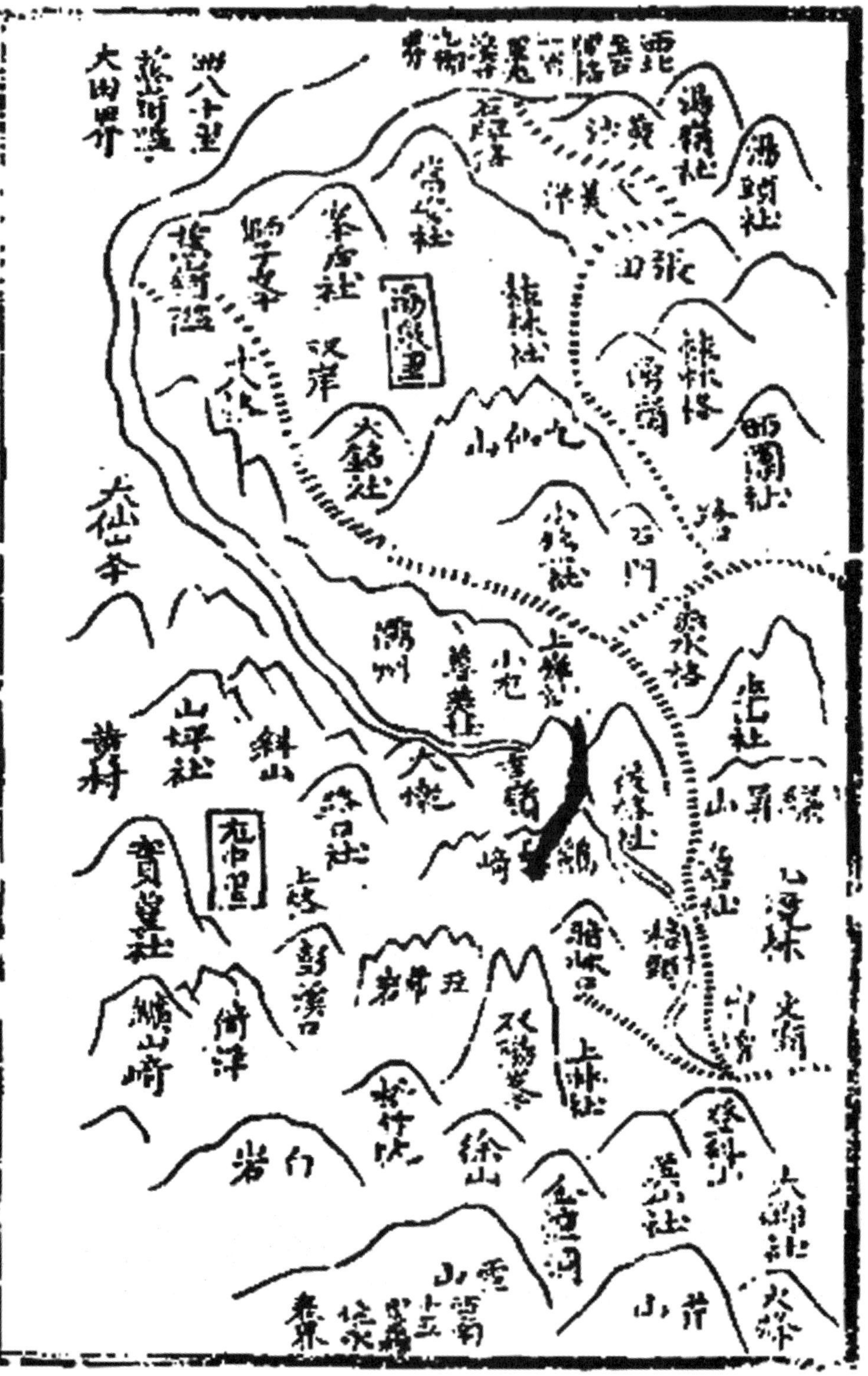

二

德化縣志圖

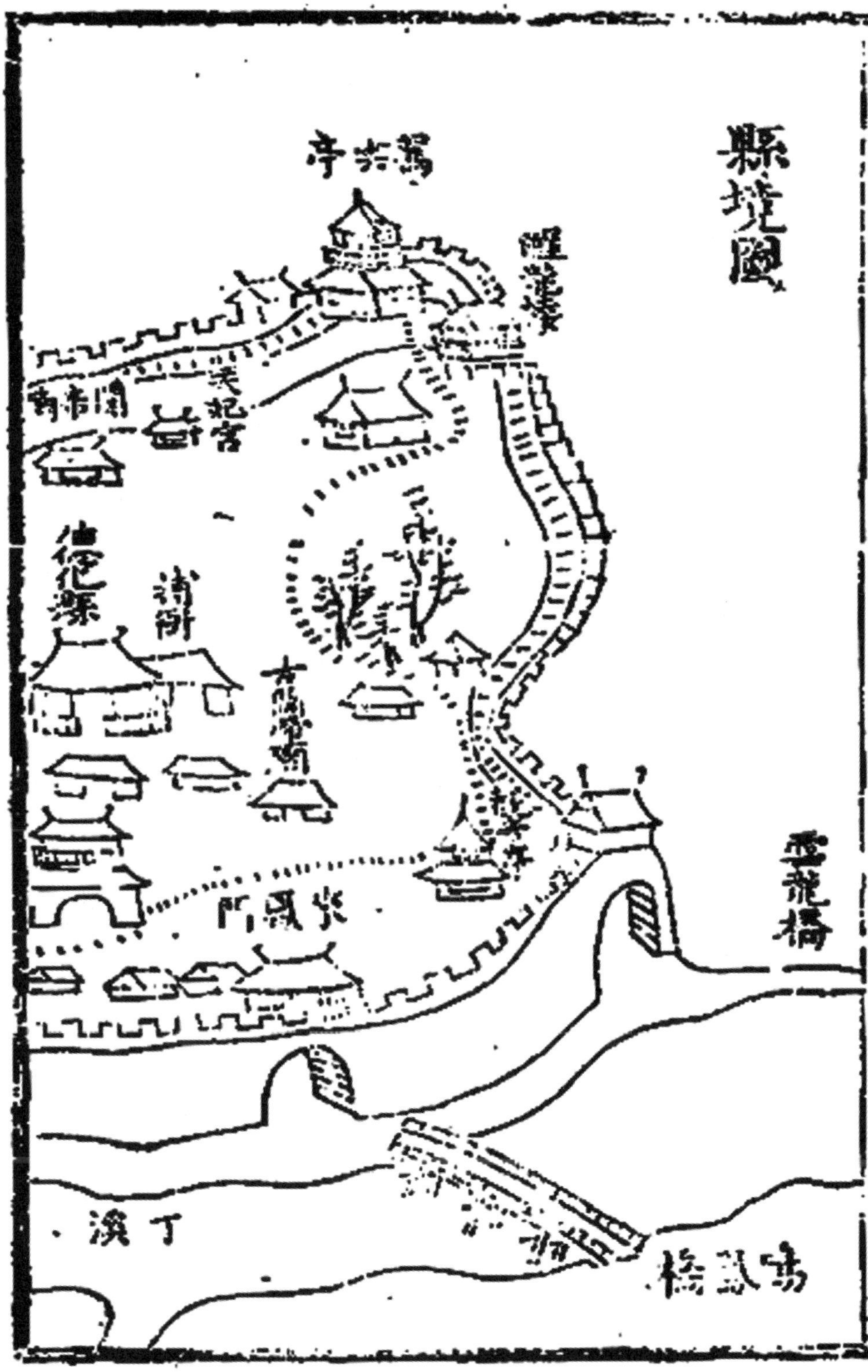

德化縣志圖

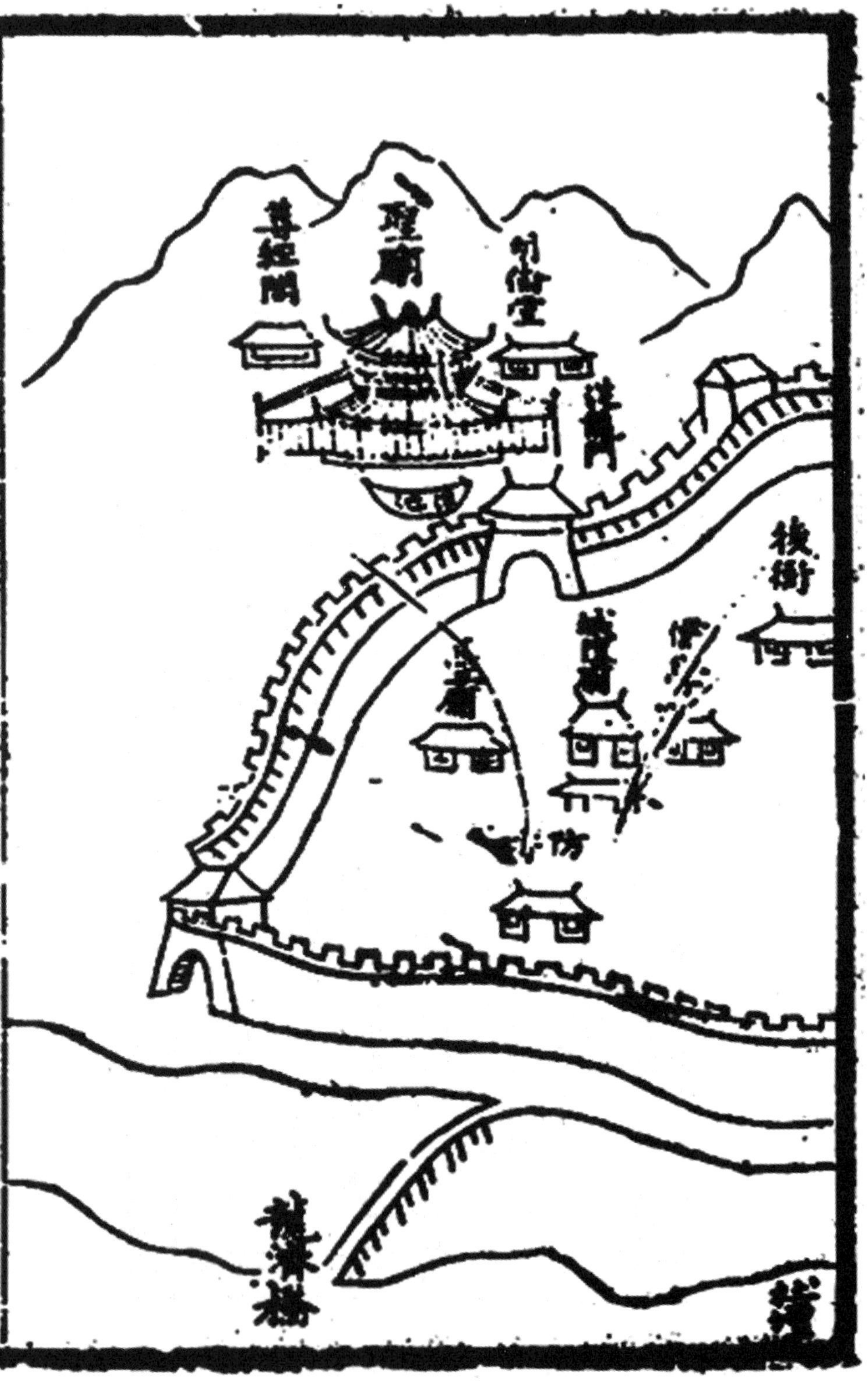

三

縣署圖

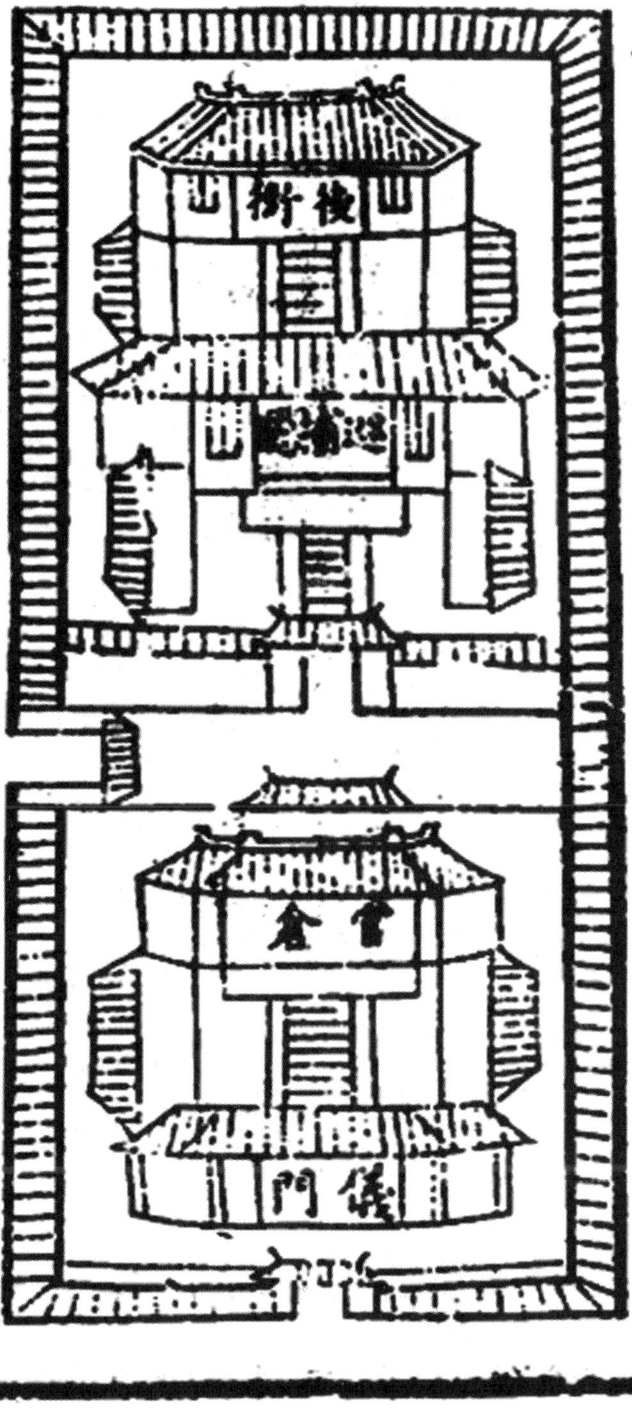

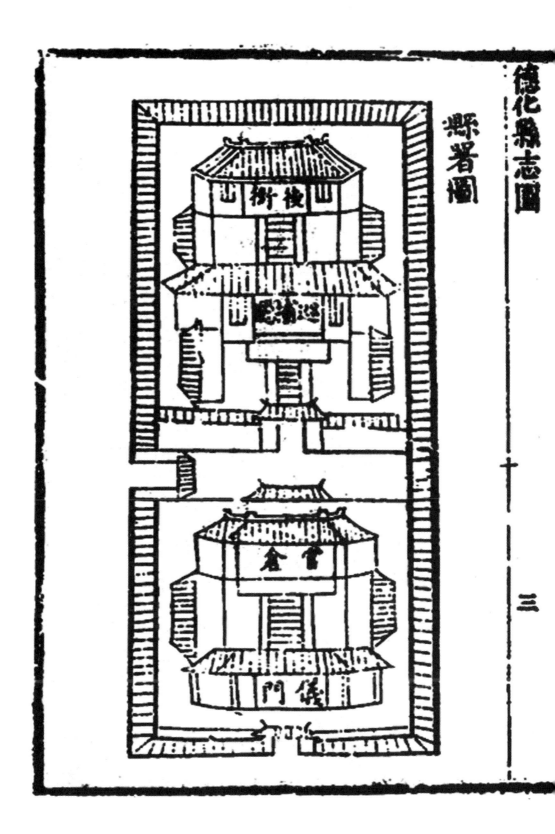

德化縣志圖

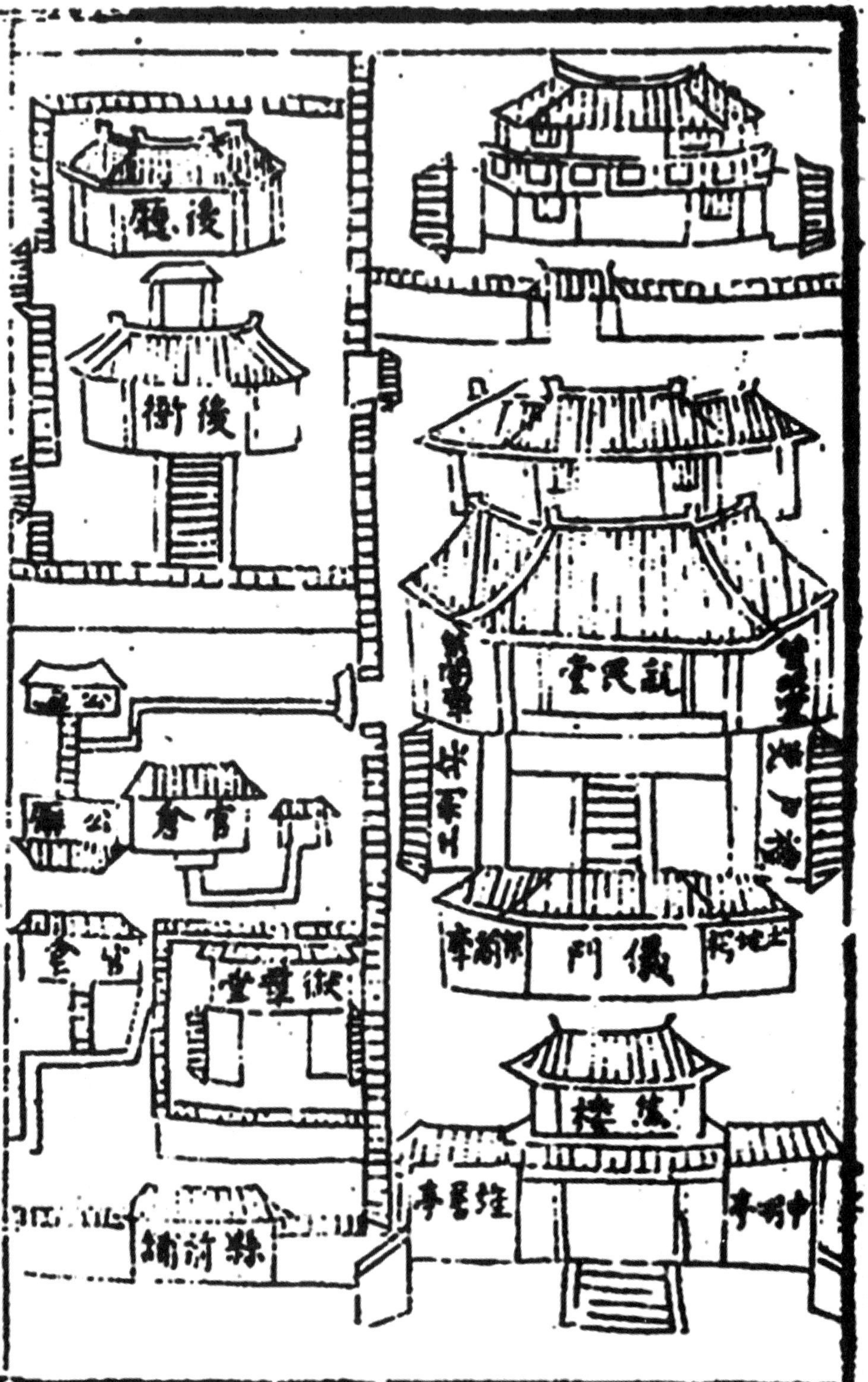

四

德化縣志圖

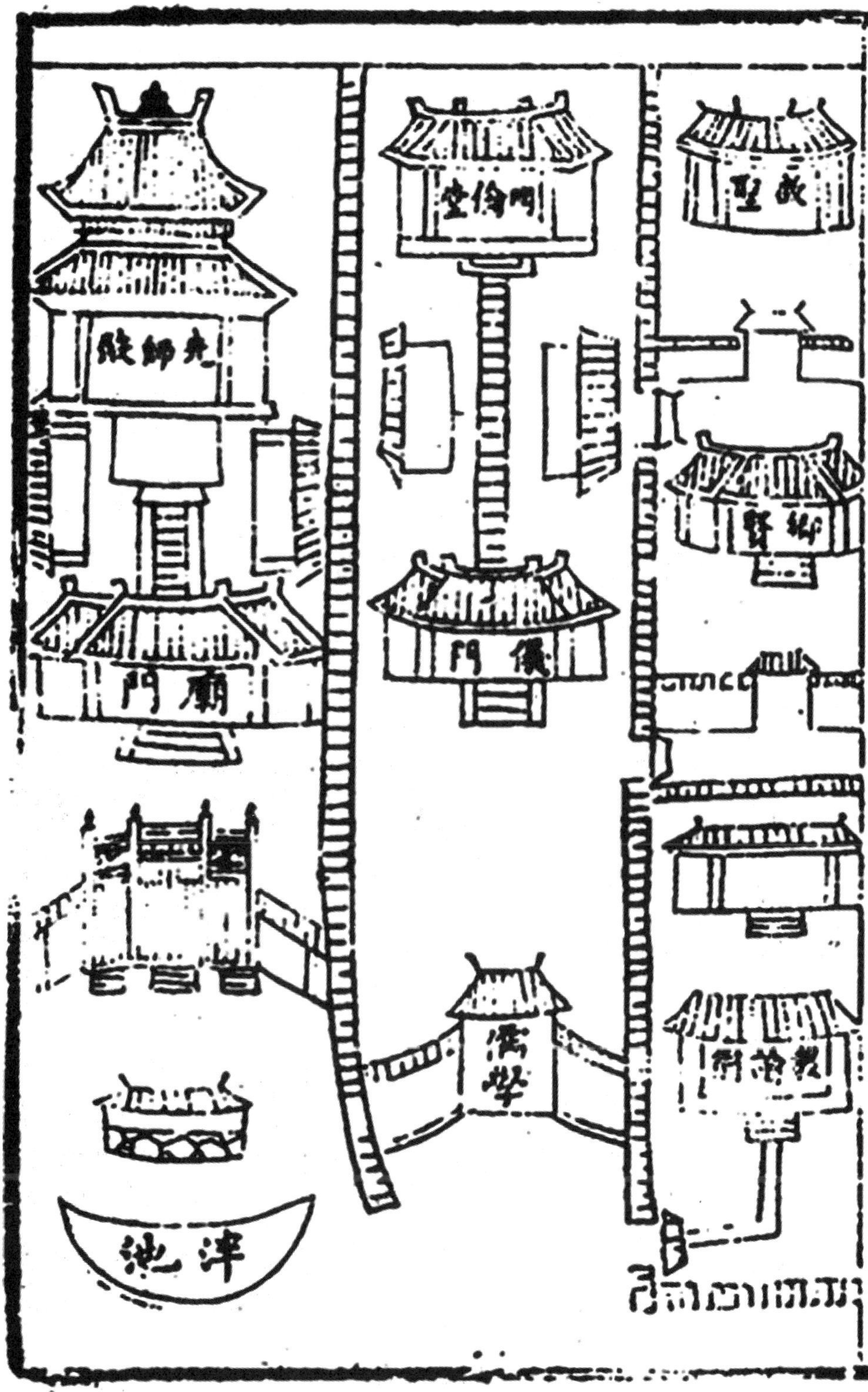

四

儒學圖

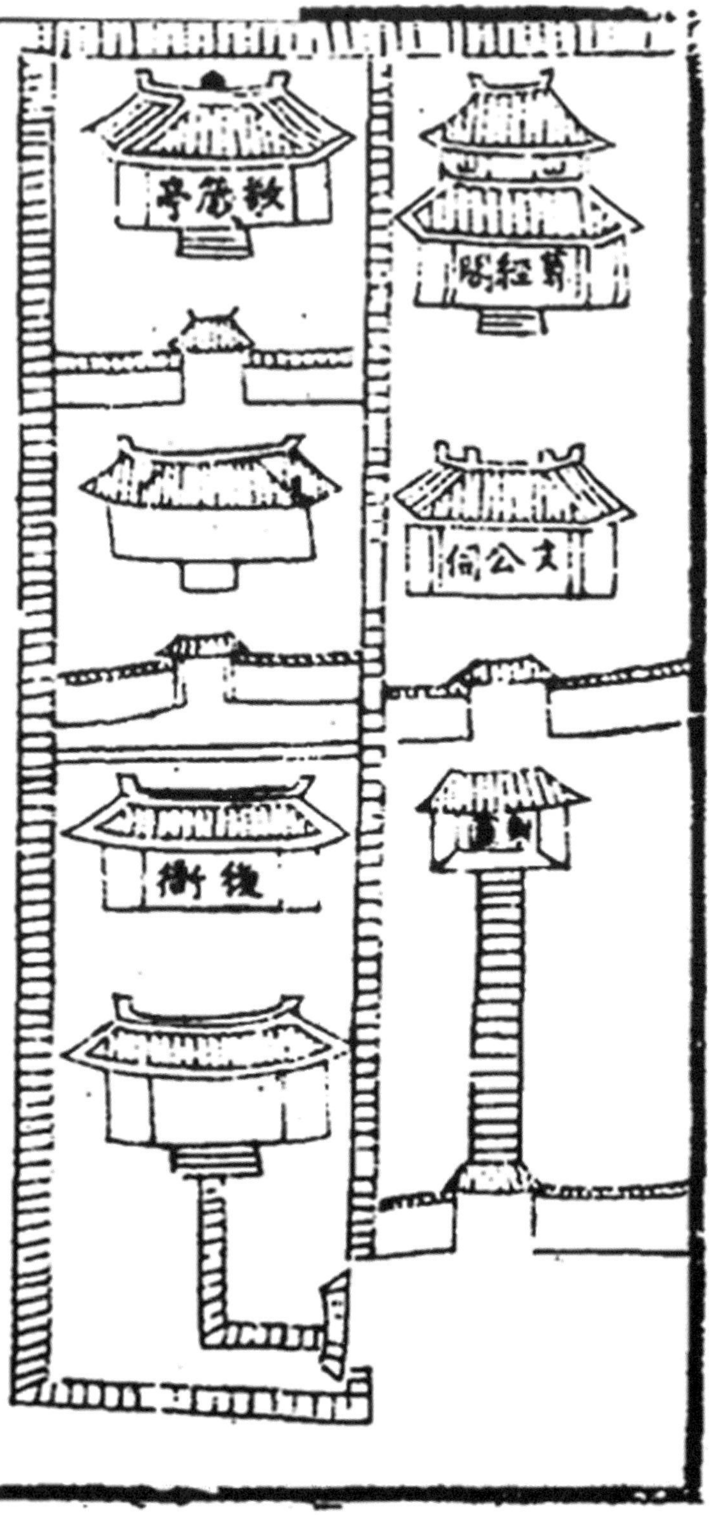

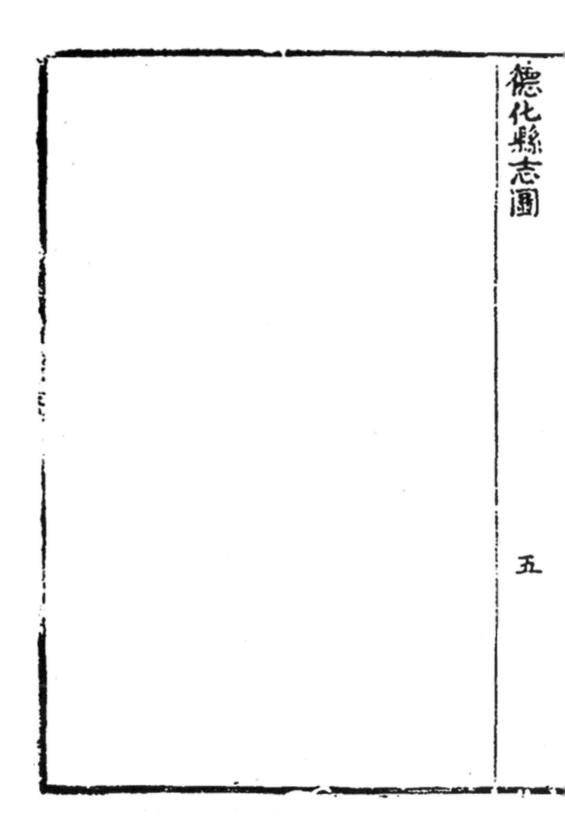

德化縣志卷之一

建置沿革

范正辭曰德化之名始于五代其初實唐之歸德場也去郡遼而丁糧少故列爲泉之末屬今合泉府縣舊志以譜其建置始末之評如此志沿革

周爲七閩地周禮職方氏云泉南有七閩春秋戰國爲越地夏少康封庶子於會稽其後越王勾踐王越閩爲蕩楚滅越越王子孫流播閩越或爲君長謂之百粤秦爲閩中郡始皇并天下平百粤以七閩爲閩中郡漢爲閩越國越王勾踐之後曰無

諸者從諸侯滅秦又佐漢滅楚高祖封爲閩越王至漢武帝爲會稽郡閩越王部餘善繇王等屢相攻殺武帝以閩地險阻反覆不常乃徙其民於江淮間虛其地爲會稽郡地光武爲南部閩越地既虛其民亡不從遷者聚爲冶縣建武間光武改冶縣爲泉南二部都尉而泉地屬南部獻帝爲侯官縣建安初以南部置侯官建安南平漢興等五縣泉爲侯官縣地後漢吳爲建安郡吳永安三年析侯官縣置建安郡領東安將武等九縣泉爲東安縣地而屬於建安郡晉爲晉安郡晉太康三年分郡之侯官縣置晉安郡今之福州也宋爲晉平郡泰始四年改晉安爲晉平郡梁爲南安郡天監中析晉平郡置南安郡泉爲南安郡也陳爲閩州永定初升晉平郡爲閩州領建安南安二郡泉屬閩州至廢帝改名豐州隋爲泉州開皇九年改豐州爲泉州泉州之名始此而州地仍是今之福州以建安

[illegible]安二郡爲縣屬焉泉郡爲南安縣地而德化地則屬建安也大業初改泉州復爲閩州三年改閩州爲建安郡

唐爲歸德場唐貞觀以後州名屢改至睿宗景雲二年改泉州爲閩州今之福州也以武榮州爲泉州屬閩州爲都督府方爲今之泉州至代宗永泰三年析侯官尤溪二縣谷一鄉置永泰縣即今福州府永福縣也又析永泰之歸義鄉置歸德場隸泉州

五代唐漢爲德化縣長興三年閩王延鈞僭稱帝升歸德場爲德化縣縣之建始此屬閩州乾祐三年南唐升泉州爲淸源軍以留從效爲淸源節度使始分德化縣爲以縣治狹隘乃割延平府尤溪縣之常平進城一鄉以益之始屬泉州以後縣名無改

宋元明及我朝俱因其名建隆三年泉州爲張漢思所據乾德元年復爲陳洪進所據太平興國三年洪進以漳泉歸宋自宋景炎元年蒲壽庚以泉州降于元至正十二年又爲陳友定所據洪武九年執陳友

定平泉州仍以德化隸泉州順治三年大兵平閩郡邑依明之舊

按德化之爲場先建於同安永春而其爲縣後於同安故一統志廣輿記皆以德化次於同安縣之後爲第五縣今縉紳便覽序官亦如此但以縣去郡甚遠而丁糧亦少故列爲第七今合采府縣二志以講其建置始末之詳如此

星分封域

范正輅曰閩屬古會稽郡于星分爲牛女縣在閩南而德處西北萬山中葢太倉稊米耳然封域四届又通衢迤迴環八百餘里借皆崇山峻嶺林壑深沓可耕之土不滿百中之三四焉志星分封域

閩爲越地屬禹貢揚州之域揚州分野星紀於辰在丑爲斗牛女之墟攷吳越州郡分野會稽入牛一度而閩古屬會稽郡則閩之星分一統志以爲牛女者

是也泉爲閩南而德其極西北之一邑語星分者美談也雖有智者能道其詳乎至其疆界則在府治北一百八十五里東距興化之仙遊半林界八十里舊志云苍白格嶺非也白格嶺乃仙永交界西距延平之尤溪界一百二十里尤溪今分設大田縣是與大田接界南至永春縣藴坑界劇頭界各二十里北至福州府永福縣玉古村界一百二十里東南至永春縣天馬格界游墳界各二十里西南至永春龜洋界七十里東北至福州府永福縣洑口界一百五十里西北至延平府尤溪縣官目墳界七十

里合計邑地東西廣二百里長一百四十里西南北
京袤二百二十里東南西北九十里週圍八百里廻
環半月不能遍焉皆崇山峻嶺林壑幽邃巖谷深杳
可耕之土百不三四盡行數十里滿目無人煙覩地
之廣狹亦可以知其治之難易矣

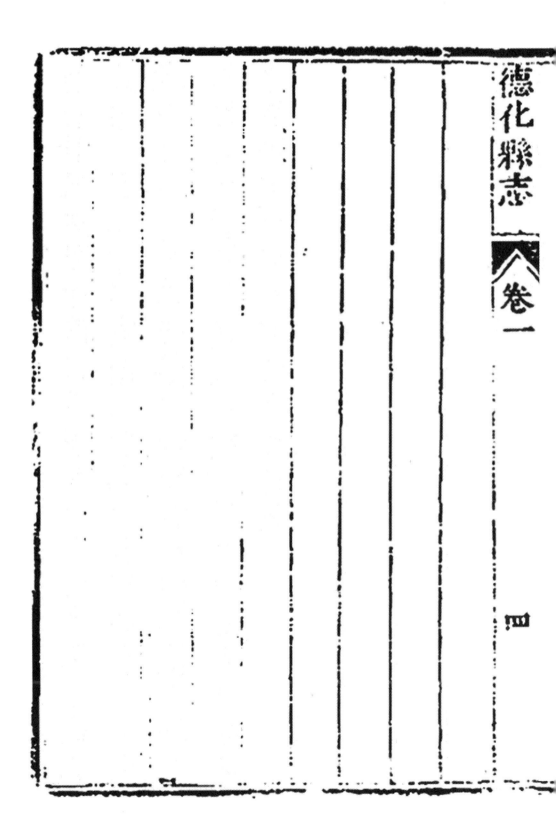

里社

范正輅曰州分爲郡郡分爲邑邑分爲里爲社所以奠井疆供賦役也德邑戶口消長不一故綱鄉設里代有多寡志里社

宋綱爲五鄉管十一里九團

集賢鄉 縣西北

永豐里 新化里 雲峯里

歸德鄉 縣東南

靈化里 歸化里 惠民里

永寧鄉縣東北

嵩平里　清泰里　善均里

常平鄉縣西北

貴湖里　東團　西團

上壟團　下壟團　楊梅團有中上下三團

進城鄉縣西北

小尤上團　中團　湯泉團有上下二團

明洪武十四年編一隅八里十團一都

歸德鄉

坊隅　歸化里　靈化里

集賢鄉

永豐里　新化里（溪峯里并入）　嵩平里

永寧鄉

善均里　清泰里　惠民里

常平鄉

楊梅上團　下湯團　楊梅中團

東團　西團

進城鄉

湯泉上團　湯泉下團　小尤上團

小尤中團　黃認團　十八都

永樂十年裁爲一隅四里八團

坊隅（縣化臺化并入）　永豐里（惠民并入）　新化里（嵩平并入）

濟泰里　善昀里（嵩平并入）　東西團

楊梅上團　下湧團　楊梅中團（楊梅下并入）

小尤中團　湯泉上團　黃認團

小尤上團（十八都并入）

天順六年裁爲一隅二里六團

坊隅隅永豐里幷入　新化里小九十八都幷入　清泰里善均幷入

楊梅中圖楊梅下幷入　楊梅上圖下湯幷入　東西圖

湯泉上圖　小沅下圖　黃認圖

嘉靖十五年割黃認圖添設延平府大田縣存爲一隅二里五圖

國朝無增減圖隅皆改稱里東西圖沿舊八里舊分爲四十八社每社設約正保長地方

坊隅里

城內上市　城內下市　城外上市社

城外下市社　大鄉社　瑶臺社　六社附郭

英山社　良六社　高洋社

蔡徑社　石傑社　茅岐社

上林社

新化里

科榮社　后作社　李山社

上翰社　簽六社

清泰里

上峯魁社　下峯魁社　南埕社

蕭坑社　丘坂社　登龍社

不老社

梅中里

葛坑社　梅峯社　横溪社

龍漈社　淳湖社

海上里

下湧社　曾坂社　貴洋社

田地社　湯頭社　湯嶺社

東西圖

東社　西社

湯泉里

小銘社　大銘社　桂林社

常安社　岑后社

尤中里

賓峯社　羅坑社　彭溪社

路口社　山坪社

右八里四十八社在首附郭六社策應縣中小差

凡雜項諸事皆四十二社供辦自城破丘墟城

氏不復設地方而下市社併於璒臺上市社併於大鄉又併高洋爲高鄉社而外社之上下峯魁併爲一社東社西社併爲一社大銘常安併爲一社寶峯羅坑併爲一社遠近僅存三十九社矣然亦因時制宜正未可執陳編爲成法也

山川

范正幹曰鑽岐山爲祖衍脉縈陽嶙巆殿而騰灘溪洵一都會冬令山原水委脉絡所由分也不條分而縷析之得無貽笑于山靈乎志

山川

鑽岐山爲興泉漳邑發脉之祖坐小尤中團居縣正西自大田尤溪峯而來入德者始此郡縣志云鑽山岐山爲二山者非是東行十里至蓯洋鄉又東二十里至和睦埸而起爲雙陽之

山術洋鄉之右澗流永春轉安溪達筍江入海其左溪則自小尤中流於大田尤溪口合于延平江達烏龍江入海也

和睦塲雙陽山在縣西四十里邑治望之聳翠如叠指從大陽西北行者則爲五華山再北以分爲戴雲山九僊山從小陽而南行者則爲興泉二郡之首山也花橋溪之水出焉東流出踏林下至太厲尺而入于白泉溪

五華山五峯狀如蓮華五華巖端午泉在焉其水

則東流合于瑺林口也其山則北行二十里爲
吉嶺峰十里至赤水格之北分行直上爲戴雲
山九僊山吉嶺赤水格之東水皆東行而南流
爲縣前之滙溪其西則水皆西行而流于小尤
中以入大田尤溪也
戴雲之山自赤水格之北與九僊山分行而東横
五六十里其西爲大戴雲其東爲小戴雲是爲
縣之祖山小戴雲上三峰聳翠寺在山麓三分
之一從寺步至峯巔九千步自南而望小戴雲

之高低大戴雲齊至三峰之巔則又當翹首西望也每天陰未雨雲氣平垂大戴雲入雲者五之一而小戴雲繞搆瀠小戴雲之岫有小徑通南北平坦紆廻有流泉瀦澤名曰七里洋異鳥間鬪獼猴群隊見人無畏避飛煙倏透勢若行人心每惻慄巖穴岈壑陗奇山多五鬣松剔牙松霜雪所勒拱把合千年物若大戴雲則人然因至其巔也多熊常出踐禾稼其水則皆自石罅澗谷間縷合流注焉

戴雲之陽其西水則爲猛虎溪赫坂溪東胥溪李山溪四水與吉嶺南來之水會于郭坂而下爲白泉溪之大屏只受□橋溪之水而東流爲賴溪至塗坂受金液洞墜山蓋竹根山諸溪之水而東流過縣前爲滻溪始受丁溪之水稍下受纓溪之水至是可負三十石舟矣以下流峻險不得達以東流十餘里而爲虎跳溪稍下爲溪口受黄斜溪南來之水又二十里至龍門又東北二十里至石獅渡受蕉溪之水又東北二十

里至三卜口受上下澮溪之水又十里至南埕受雙芹溪之水經石柱至水口東流三十里而與溪之水合焉流于永福達于海也滙溪環廻曲折亦曰腰帶水

戴雲之陽一澗曰南埕溪合祥雲鄉之水而轉下虎貢山之麓東行爲蕉溪至石鄉渡入于滙溪

戴雲之陰其水北流一澗爲盧地溪一澗爲張溪溪上湧下湧爲湧溪下爲香林溪東流至九寶鄉受黃石林溪東流至湧口與滙溪之下流合

又一澗北流爲黄石林溪至九貿合于湧溪護雲之陰一澗曰雙芹溪至南埕入于滻溪此則九溪之數矣水皆峻澈香冽瀨可數石淵窮匿鱗岸樹汀皆冬夏蒨葱雖乏汪汪千頃之觀幽致良足洽悦矣

護雲之山自右肩而南行數里爲屏風山又數里至佛嶺邐迤而行突起爲騰巖肩山迤於科榮山山上官道南北上下延于山頂若干數里扶輿之環四十里是爲縣之北山纓溪之东出

焉而南流經龍軸之迴洄橋爲蓮坂溪再南而
爲紅溪入于滻溪舊誌云戴雲九溪其五曰中
興坑達丁黄坂橋與矣科榮山下爲繡屏山
繡屏山在科榮下高不能半以舒展端麗得名南
五里爲鳥石谾五里至縣北黄龍太龍二巒其
焉入于縣治之東北隅石陂起爲龍濤之山
龍濤山在縣治内東北隅雖堞環焉特立千餘尺
凸繞城市城落林木悉高一覽比爲麗觀其巔
有石筍火燄石宋宣和中令劉正鑿其巔搆亭

曰妙峰又曰最高人云山不可鑿正曰此雖龍
也鑿之則醒逾年邑之舉薦者三人紹興中令
劉崇年削石符火今燬民死者過半蓋傷山脉太
甚也麓有龍山觀明，令趙東山再建爲雲亭醒
龍樓令湯大綱築書院又有眞武樓旱禱嘗三
官殿巖石礧硊奇樹鬱葱古松逕數抱其陰生
馬齒白石無春風和媚秋氣澄鮮遊屐接踵然
華以後兵燹焚燬於[illegible]衙之間舉目非舊殿與白
有[illegible] 大旗山在其西舊亦在城中

騰巖[illegible][illegible]之左分而東行者爲塔仔崎山佘鷄山
彭[illegible]中又東散行二十里而南爲龍門之山北
底下石獅燕上下燕溪滙溪之合

龍門之山在縣東二十里滙水經其下與南岸山
相對俱名龍門也兩峰對峙如闕一水東流如
溝夾岸石壁數百尋水亟深黑於藍或激或噴
或渟或泓滀停潫洄曲折變幻遇石而止踰石
而怒旋飜跳沫十餘里胥光一隙陽曦罕射林
木叢翳猿狖叫號漁者扳緣而生畏矣龍門橋

在上流遺址尚存北岸壁上址去水十餘丈想其高擎而起以達于南結構危墜之勢猶堪心戰

自小戴雲左角而南行者二十里爲虎貢山東行十里爲蕉溪山二山者蕉溪之上也東北行三十里爲高源山山上石壁絶險土人巢其巔十里至南埕溪阨于大小溪之合而止

自大戴雲而北行者二十里而爲大僊崎山十里而爲桂陽山支而爲蓮花峯東行者四十里止

干……林溪澒溪之合
自小戴雲而北行者二十里爲雙芹山二十里爲
于[illegible]林溪涌溪之合
鷹獅山（狀如鷹昂首爲作欲飛[illegible]化[illegible]意固說也）二十里爲蟠龍山
二十里支而爲石杜山與石壺山正相對以臨
于大溪爲邑之外戶也其散而東行者至于潮
坂底于涌口止于滻溪涌溪二水之合而戴雲
山之山水行止分合盡于此矣
和悠場雙陽之山其南行者與泉之二郡城與會城
大江以南各縣之山之所發原也由小陽南行

數里而爲金液洞之山其分而東下爲五代裴
巖險陡絕傳云五代時所避兵也十數里而爲
蓋竹根山高五里峯頭秀削治西之佳觀也又
十里止于塗坂合溪之水其南行者二十里爲
雪山
雪山在治西南四十里其陽之水流於永春其北
者流于德化丁水之所發源也流二十里注于
縣前溪爲丁溪又下滙溪山博衍環四五十里
東一山爲芹山今曰璞山從縣治望二山高正

竿　　大小不侔有如雪一戴雲矣雪山上常有
雪故名山有寺廢人跡亦到也環山上亦有寺
有石碑大書秦漢隱君仁下蹤則令人遐想矣又
東下為歐山東行稍起為火烽山乃分為拱北
以面縣者曰鳳翥山
鳳翥山縣治正南十里別靚秀上邑居之朝夕觀
主也東行而為高洋欽山十里而為望雲山再
東止于虎跳港是漣溪之下流也溪石夾立水
懸流而延狄虎之往來常逆而躍奔騰迅激中

流數石如立樹舟所不得達者因此與龍門也
溪流數里而黃斜溪之水自南來入之
自火烽山而東行落二十里爲虎豹關山所劍頭
山也又十里而爲天馬山
天馬山雙峰如馬鞍而峻拔聳峙犇騰如在漈下
其陽則爲永春其陰爲德化也黃斜溪之水出
焉北行二十里至黃斜村而合高洋溪之水以
達于大溪山東北行轉三十里而爲永春之大
德溪乃分而南行者爲小天馬以至大鵬山爲

永泰縣治與東北行者數里至榔坑分而北行臨溪者爲龍門南山其東行者三十里至七壺

山

七壺山在縣正東六十里巉巖特立衆山莫儕上平廣有水泉可屯聚亦綠林輿窟也繞樹木多猿猴列嶂四布東行二十里至上圖嶺錢北之水則北流入于大溪歸于大江其南流則自大地達永春東關入桃源溪往晉江也嶺東分爲二支其東者往九座山與郡之祖山也其南行

者經仙僊交界東爲仙遊之牛頭鄉西爲德化
之水頭鄉東水入仙遊西水流永春山自此南
行四十里爲白格嶺折南而爲樂山趨下清源
矣往九座者至九座山巔復分而西轉爲石牛
山亦名石壺山
石牛山自僊遊九坐轉而西行重峰疊岡左驰右
驟奔走七八十里而峙于大溪之陰實惟縣之
東北門上有石壺洞張眞人道場也禱者自下
而上一日晚方到矣眞人與賊鬪法處頭髮尻

壓之跡入石數十轍轉非一處履巖上下左指
入石踵蹤插劍石猶在劍柄斯勁而不可拔也
山空而高望之蒼翠欲滴綿延百數里其中幽
崎非人所經有叟常得窺其傍見天門廣十數
里餘巨木連抱交錯于行獸類猴而大尾千百
爲群見人不驚又附離魅之屬幻成境界與人
無殊賴道力鎮之丘北有飛僊崇壁立百仞如
削懸流甚急到半則雲消霧散滃然不知其終
水或猛風飄蕩則水與雲霧皆不知其所之豈

此一奇觀矣上有飛僊樓下臨絕壁云匪人登極乘屋必待雲與之齊也邑山之巨惟戴雲九僊雪山與此四耳而三山皆爲發源之地此則來自東南三面臨溪阻絕不知陰陽何工鑄此靈物也洞徹之士于焉遐想矣石牛山左一澗發源于僊遊九座山頂遶石牛山曲折流注以歸于德凡德之水皆四散流于外邑其受外縣之水者惟此一澗耳至于南埕入于大溪

九僊山在縣西北六十里東爲東西團西爲湯泉

里永福閩清兩縣之祖山尤縣溪南與水口大江以西諸山所發脉也自赤水格之北分行踴躍直上以至峰巔崪凡有九霍岌嶪衍遼廓而上秀削如芙蓉亦攢筍嵯峨奇怪不可名狀絕頂有摩雲齊雲二洞累石生成如屋天梯石門左右可通而攀石俯窺其下萬壑真令人目眩心怖也峯右有彌勒洞惟石相撑如城中虛數丈石像巍然中坐侍云石故儼形夜月儼人泰樂於此鄒公禪定在其傍厤睇鑿石爲彌勒像

僊藥遂絕此與九人成僊之說均未知其有然矣東有倉爍池水東下與路口溪合而爲洲溪之源西爲龍池別西流歸于大陽也山北行三十里而爲湯頭鄉舊以温泉故名而今已失所在十里而爲湯嶺山爲吉山崎山轉東行二十里而爲香林山

香林山鍾山姑洒嶺迤爲丹東而蓮花崎山石澗蔣山梅峯山至三層堦清從山遂爲永福之山也自九僊山散落而西北行者數澗之水皆西

流逕山幽折而注於大田溪溪之所合山亦于是而止也西而稍南行者四十里而爲鄉于崇之山山以形似故名遠望深黑巉巖峭絶狀如奇獸搏攫傳云石洞中時有山魈之屬頗如石壺也由至大田溪而止自九僊西南行者十二十里爲大銘鄉再十里爲石獅崎二十里爲太湖之山中有龍湫巖山高十里而上平闊如湖有池故亦名青草湖山又名金碧峯左爲新化里右爲尤中里正與鎮山崎山相對止隔小溪

一溪耳小尤溪之水發源于九傑山下之小銘鄉西行爲上翰溪爲小尤溪爲徐溪再西合尤中里諸鄉之水而至于大田鞏口大田溪也而九僊山之外泒亦于是止

雙魚山自鳳翥山南來在縣前丁溪之上丁溪右紆流不由丁方而古諺云水流丁字官榮自至又云水盡丁羅第繼宋元符間邑士林程捐貲五十萬貫田鑿流會於濉溪一夕雷雨決流一縱一橫若丁字然既而程之子揚休由太學登

巍錫及其後世登科目邑士亦相繼榮登詩昔人詩云水向丁流通地脉人從甲第破天荒宋邑令林應龍詩云水從鰲頂分丁派人向蟾宮占甲科

登高山從雪山西來在縣前滙溪之南丁溪之西上有亭起送科舉者會宴於此

酒壇寨山在尤中極高險昔人避寇其上賊圍而困之女子取酒浣衣以示賊賊疑其有水解圍而去因名今寨猶存

虎頭山在尤中上有古寨周圍七里餘其中山水迦盡外極高險避兵者往依之萬夫不敵

鐘山在楊梅上山四面皆石壁峭峻形如覆鐘山麓有澗澗邊有巖洞廣丈餘深二丈許名蔡巖香林寺僧鄭道徹坐化於此尚有大帽山白牛石鼓山羣筆山縣城山俱在坊隅園林山雙桂山在新化均山萩墓山在清泰仁齊山漸山在楊梅倦秦山屏山巖市南山在尤中皆山之有名者

按舊志山水先後訛舛錯雜不倫今考德之戴雲
一池分作九條溪此偶語托諷之詞爾乃志謂
眞有是事且求其數以實之九僊山自別而北
行者乃永福閩清兩縣諸山之祖而縣志指爲
縣之始山郡志亦不知主山之由德化而日僊
遊之九座亦有指戴雲爲始祖者皆謬之甚由
作者未嘗身履其地土人又不能道其詳往往
謂此非所急不必深論果爾則山水可無志今
稽諸山總會之首而以支條分別之水附之不

惟一邑奇拔聳秀清深高潔之氣開卷瞭然俾
興泉數十郡縣亦可知原本之所由來矣

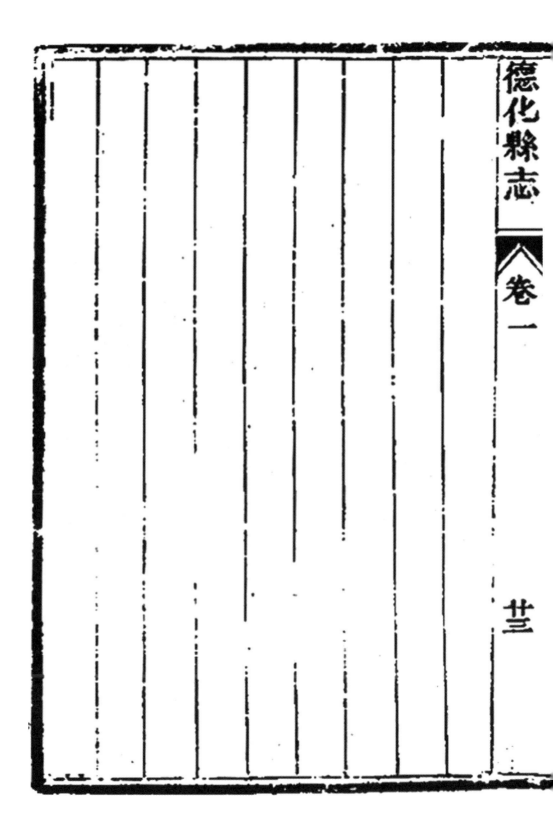

泉池非潭陂

沱正幹曰邑居萬山中外無江海以資桑田內鮮河渠以通舟楫唯泉池非潭陂或爲龍宮或爲魚窟莫非所以供灌溉資挹注也志泉池井潭陂

端午泉在五華山山舊竭水唐僧無晦穴井得泉深數十丈忽五月五日指語人曰斯泉蕩古及斯日則溢而至欄吾化後以斯爲證至今五月朔則泉漸生五日盈坎寺僧挹注以辦千人齋

翼日復故

井泉在九僊山頂泉珠井潔徑濶如盤淵靜如鏡中不見其湧出而瀉注琅琅冬夏不竭亦名僊石井

瀑布泉一在九僊山之北從頂流注若自雲間而下久晴鳴則雨久雨鳴則晴宋主簿柳德驥詩云天挿一泉聲漱玉地高六月夜凝霜亦名靈龜漈（又云九僊無此泉恐錯）一在石壺山北大僊漈壁立百仭懸流甚怒濺沫興雲霧變幻明滅最爲奇

覘上有飛僊樓
温泉一在縣東北十五里下蕉溪南北七處沸者可以宰牲和者可以盥滌一在梅上湯嶺頭今失所在
官學池在縣治東學宮射圃東嘉靖四十二年因築城官買
龍池在九仙山右僊峰巖前深杳莫測宋太守王十朋曾禱雨其處石刻龍池二字于池畔石壁有大赤鯉見者爲祥

靈鷲池在九僊山左靈鷲巖前中多年蓮石橋
徑渡岩逅絕頂而水石幽奇斯爲名勝
會奐池在巖左稍下甘泉鷲池之水汪焉疊石壘
淍口汪汪數頃深不可測
龍石二井在縣治東南徑淍幾丈而鑿石規以爲
幹下視深洞泉大而清長三伏之間邑內遠近
多汲取俗名龍眼井
羅漢井在縣東羅漢寺前古傳水極清冽寺久廢
井今亦不可考

東西四井東在下市街畔者二西在上市街畔者
二皆嘉靖四十一年令張大綱所鑿也因呂尚
四作亂圍城民以汲溪泥飲爲苦寇退乃鑿今
民用所資也
縣中井極清洌嘉靖乙丑年令何謙見里甲備夫
挑水給衙者嘆曰此民之膏脂也乃捐俸鑿井
雲居井在南門外溪南稍東山下涌出如泉味最
清潔若惋所需
古井潭在縣前滙溪潭小而深不可測如井水流

廻旋衝有存框多魚有謀毒者則風雨大作

在山龍潭在縣西十里潭面甚濶漁人云行一二
里許水流入山下道黑不能行惟近潭淺處適
日斜照則見其深杳耳嘗因旱水竭有至山下
者見大魚千百爲群有黑龍殿其後驚而逝自
是漁者不敢入

佐淡龍潭在縣西養均里距縣百餘里巖山之間
有上中下三函如竇三泓如甕函水各入泓中
上函獨長夾以石壁高數十仞其甕竇水聲如

鐘遇陰晦或龍出焉潭上有龍王廟守眞德秀

嘗禱常驗

火峰嶺龍潭在縣南十里澗流甚深傳云中有龍

祈雨者於此取水

黯坑龍潭在縣北金雞山背石澗潔流數潭相承

皆極深不測石壁臨水滑溜巉巖險映人跡罕

到大旱則祈雨者必於此取水靈於火峰嶺潭

也

坊隅舊有官陂上董坂陂鄭陂下董陂

清泰里舊有藍田通濟陂

小尤中團舊有小官陂郭泮陂峽頭陂漈頭陂

東西團舊有洪坑口雙陂泗洲前陂陂頭陂

楊梅上團舊有園宅陂山茶陂磘坊陂今其故地

多不可考

赤脚龍潭在香林寺前舊有丁仙坐潭上大石號化

穴深不可測龍神最靈禱雨皆應林汪達林模

嘗放生於此故立石名之云放生潭

橋渡

范正輅曰邑多崇山大麓積陰霪雨徃流迅

駛涉者病之橋梁所以通往來濟行旅也然

屡罹水患傾廢居半姑述舊乘所有以備恭

考焉志橋渡

雲龍橋舊名化龍古名通濟宋時在溪下流邑人

蘇重卿建後橋壞令葉岔命僧了性移於龍潯

山麓未就令李端誼繼成之在東門外百步石

址覆屋長三十二丈中有亭曰啓符歲久而毀

明弘治里人林宗源重建萬曆年中復壞於洪
水再建增高
國朝初定閩地順治三年山寇倡亂焚東南廂併燬
橋令王榜鳩民重建壯麗堅好通往来列肆市
爲邑下流鎖鑰十六年己亥復燬康熙丙辰邑
遭洪水石址衝壞無存流離兵燹民力已竭脩
廢舉墜端在四郊殷富時耳
龍津橋在縣治西門外宋熙寧初建以藉飲里宅
所經名旌賢後令李嵩再脩疏水爲十三道改

名李公橋後易石址燬而復建歲久再圯明弘治時劉誇重建後復崩壞石址無存

國朝康熙庚申年教諭王欽祖捐俸倡人募金益之重建木橋旁施欄楯縣西一帶民無病涉

鳴鳳橋在南門外西南一帶往來必經之地也濟水東流至縣上市水門前受丁溪水匯流至南門環抱若帶對峙鳳翥拱翠如畫故門與橋俱以鳳名南門地卑下去水纔數尺橋北築石堰抵水高半城堵屢遭水壞然輿徒要衝時壞時

脩焉

龍濟橋在縣市水門外今廢

滻溪上流五里有 涂坂橋舊官道所經也滻溪下流五里為 樂陶橋木橋也二橋丙辰年俱壞於水又十里為 溪口橋自永春從天馬山嶺而達於縣北諸里者皆由于此要道也流潤而下六橋險狹再下十里為 牛牿橋石址猶存再下十里為 龍門橋岸上古址絕高而與廢無考再下二十里而為 大通渡由偃遊西鄉

而來達於邑北諸里者皆道於此溪廣不可梁
爲舟以渡再下三十里爲　石柱渡往永福嵩
口者皆渡於此由永春大劇嶺而入邑者至高
洋鄉有　高洋橋經邑北行十里至心慈嶺下
爲　心慈橋上嶺二十里至郭坂爲　信舊雙
橋戴雲有雙溪流合於此兩橋相對如舊再行
五里爲　謝公橋明崇禎邑賢謝啓乘所建也
至赤水格而分兩途從赤水格而西行入大田
者十里至上翰爲　上翰溪頭橋二十里至龍

埕爲　雙埕上石橋三里至　雙埕下橋木椅
施屋僉要之處也從赤水格北行十里至石門
嶺下爲　晴橋又北行至路口左出二十里至
桂林爲　湧嶺雙橋又二十里至　高陽橋又
十里至　湯嶺下橋木橋施屋康熙初尤溪僧
所募建也自路口右行數里至東西團有　花
橋梁橋又北二十里至　米洋橋自邑之東以
道僊遊有　石幢柄橋自邑東北道永福有
張溪橋石址施屋近毁於水自天馬嶺而來者

有雙桂橋　黄針橋石址施屋而高壯自邑
西之介尤中者有　花橋自邑西南道永春者
有　英山橋石址施屋此皆道里之急規制所
宜留心也昔物力豐盛雖窮鄉下里無有精構
如龍翰鄉之　通駟橋英山社之　九深橋龍
門山後之　拱橋徐坑鄉之　洞口橋新化之
溸溪橋　上溸橋　尋美水口橋小尤中之
徐州橋　從龍橋　羅星橋　虹橋　山坪
橋皆橋之精良者也其舊廢而名在者有　黑

政橋　連波橋　將溪橋　雲津橋題咏猶存
地雖湮沒尚足深考古之思也

險要

范正幹曰邑連上游五州輻輳鹽發嘯聚之區關隘寨者所以制險而防變也雖時當清晏無勞捍禦而遺址可考亦見昔人綢繆之計云志險要

宋

官井關在樓梅中團與尤溪爲界

湯尾關在湯泉下與尤溪爲界

巖市關在小尤中通五路尤爲切要

平盧隘在東西團

三縣寨在新化里宋太平祥符間本路提刑奏乞置巡檢於永春德化初議置寨於永春卒以德尤嶺下五州輻輳郎其地建焉主捍德化永春安溪三縣遷額管土軍一百二十五八守之今廢

明

藤坑隘在坊隅通永春

劇頭隘在坊隅通永春

葢福洋隘在坊隅通傀遊永春

上漈隘在永豐里通永春

石門隘 卽平盧隘在東西圍通尤溪沙縣

油竹隘 在楊梅中大官嶺下通尤溪

尤床隘 在湯泉上通尤溪三十都

虵嶺隘 在楊梅中通永福

湯嶺隘 卽湯尾寨在楊梅上通尤溪

赤嶺隘 在湯泉上常安村通尤溪三十一都

蕉嶺隘 在小尤中通尤溪

長安隘 在黃謌圍通漳平潮州

伏虎隘 在湯泉上萬豊巖至元丙子高平章以忠接汀延二郡撥軍守禦後廢明重設一

國朝

虎豹關卽劇頭隘德永交界處也劇頭嶺高十里隘在嶺上明令李元龍榜曰虎豹關傍有寨住臨嶺道寨墜一巨石則千百石相擊而下前令黃琮被寇遇害於此大兵克復撥兵駐鎮前後五年乃罷

大官嶺在縣北七十里卽宋官井關明油竹隘也尤溪大路古皆從此往來大兵入德亦由此道山間嘯聚者往往於此誠要地也

渺嶺離縣八十里在縣西北舊有隘郡邑取道尤溪廿九都以達上游延川多山此數十里左右前後每有土寇出沒

雙捍橋離舊嶺隘十五里離縣六十里道大田要道也山谿峻險居民數百家尚拳勇爲行旅所依宿

南埕洞在清泰離縣五十里洞在懸崖之間前阻大溪上下二山皆臨流鑿磴爲道乃得入美兵濱池者多恐此爲險

按德化居郡西北建瓴上游五州輻輳盜發走集之區宋淳熙以後官廬民舍三爲煨燼明沙賊鄧茂七流賊温文進廣賊大總二總等擾爲殄毒故宋特防戍凡六路明正德後增至一十三隘皆交界處所也明中尚未有城設寨御賊據險以阻截之老弱男女因得遠避呂尚四亂逆既築城鄉亦築寨以關隘爲棄險矣大兵下泉由尤溪取道大官嶺從虎豹關門赴永春厥後進勦各有要路廢棄舊隘循進事而遺遠圖祭

遏亂萌者薙加之意也

德化縣志卷之二

物產

范正輅曰邑處山巔土磽田石且嵐重傷農鮮蠶桑瓜果之利爲計藝禾之外陶冶堪資然興廢不常懋遷亦無幾也聊合草木昆虫以資睹記志物產

民食於土穀有百名麥性畏嵐邑故無種大荒之時頗種救飢黍稷與粱絕無僅有水田所宜早稻晚秔早熟大暑附邑多種大冬一熟圓白甘

美寄種二熟粟遂不如重播多芒米小而硬八
月熟者赤白二早俱止一收內里所多富貴秋
熟亦名赴季種之多者占城穠穀糯米最佳酒
餳所需豆類頗繁時有種者尚有番種種於山
上蕎麥薏苡佐食所珍其餘穀名固難悉數也
蒔其節候以勤耕耘青黃可接亦有餘糧矣
邑無綿絲工少冬〻布夏布苧成精者爲艮紡而成
者力作所衣麻葛之屬時有作者女無別工惟
績是事抱京貿温民亦足衣

器用所需惟鐵爲廣邑有爐作時與時廢建窰之
磁雖走天下作難價微爲利寔小瓷名徵求邑
乃大困乃知佻貨君子不珍火紙竹成興郡所
用種藍爲靛燒竹成烟山谷貧民乃稍業之桐
桐二油若蜜蔗筍之屬僅足自給外鬻無幾斯
爲瘠邑耕種之外無奇貨也
畜之常者鷄豚狗彘牛以代耕牧養特蕃厰有一
種戢戢疑疑驢騾之屬則絕無之羊亦僅畜焉
乃禁物羽族之數雞鵝與鶩日用所需頗盡於

此

羽族之類來去無常鴻鴈不到閩海皆然所同有者亦難備載白鷳灘莽一雄九雌丹白黑章爍然秀美鷟鷥鸂鶒文采偶游錦雞絢爛尤逾山雉此禽之珍奇者也鷓鴣錚喚庖饌之佳畫眉巧力耳目之玩餘或細微奇惟不可名目有貓有虎著於詩禮豹乃虎類熊羆多力猿猴躑躅攀晃奔騰山林多有麂乃僅見鯪鯉鼯兎食味所索豺狗如狼是爲畜害山豪一豬均之惡種

猍味最美香者九節骨城所需勝於毛額

澗溪細鱗瑣屑莫記鰕爲最美鮎鰍間有養而生

者有鱣有鯉有鯽生於泥土有鱉有鱔金

魚熠燿是曰佳玩四鄉之魚世靡見聞生於寒

澗乾食味苦九隈戴雲乃始有之此足資好事

者之採擇矣

龜乃靈物鱉則常饈郭索蠃蚌澗田多有濕生之

蟲石鱗最美有類蛙蛤而反大勝蜩范佐食見

於禮經承翼饒印取之巧暴促織速化可以知

時民用所需惟鹽無六至於蝸蝶牙蠔物多瑣
屑爾雅之箋有難盡錄水蛭滌巾汲飲宜愼鄉
且甘帶有物司之
蕨生於山根可療飢莖更肥大山間俱有崗蕈濕
生香者人力代木灑潘而乃萌芽香芹薺荇澀
於潔泉苦菜濟暑王瓜同秀此蔬之自然者也
薯芋之屬佐穀爲民山藥則佳薑乃至益凡種
之多蘿蔔茄芥菜豆如箸繼莧而滋葱韭蒜薤
是曰致和菠薐甕英來自海外葵艾園荽近時

乃有有匏有瓠可食可縣瓜種既多冬瓜爲最
甘者苦者絲者栟者金瓜魁然亦無匏名赤白
二豆架生而美其餘山蔬抑又難殫述矣
荔枝龍眼南菓所珍不耐霜雪邑故獨無桃李梨
棗橘柚楊梅之屬亦稍稱有而地瘠味薄遠下
諸邑種之佳者惟柿爲最火齊蒲樹冰粉沁齒
果則次之兩皆可飽其餘間有而無幾者不足
錄也有波羅蜜名味俱佳掇樹而生如藕緣條
霜後甘美是亦一奇

方竹奇植大可徑寸以之爲杖比於邛笮紫竹堅潤簫管爲良竹箭之美古人所稱猫竹可筏不竹宜桿筆竹編器鎢竹弩材皆誇至貴之品而器用之資也人面竹者節間上下向背如人面葫蘆竹者節大節小如葫蘆有嵡竹者生水澤中末大本小云昔祖師所倒插牛稍也千歲竹者花黃白實似橄欖可供清玩觀音竹者尺許青翠盆石所宜班竹者淚痕宛然此皆種之至奇者矣凡竹筍皆佳而綠竹最美諸種並植四

蒔可接但六月間無之

材之良者曰杉爲最松則維薪栢則有香杜木栽薄木龍所需相思花梨器則珍奇黃木榧子亦云次之此木之佳也樟楓巨幹採木乃殃柯類連林斧斤所尋斯以材夭其天年矣槐榔椿梧名寔既舊桑則問有而榕獨無若品之貴有别牙松又其貴者厥惟五鬣高山絕頂霜雪所熱皆百千年物也珠櫞圍圓火珠爲寔老於霜雪與二一松同辟崖即[illegible]多不能生不耆萌芽抽動

根葉離披矣固知冊鐵蟠龍必不作人耳目近玩也牡丹芍藥北地所宜泉爲希品而邑有之梅花乃多布谷連林蘭生幽谷綠葉紫莖木烨連抱八月吐芳月桂則白冊尤佳品辛夷二種紫者木筆而白者木蘭睡香芳烈挺豔霜中茉莉水僊冷香夏吐皆花品之上也蓮菊種之而生種種多有若繡毬杜鵑荊薇二紫芙蓉海棠之屬皆稱花樹矣而卉生海棠花葉綠紫競秀此又爲希種也大槩枝蔓株叢百言難悉惟花

性忌熱而邑地寒多故宜群品耳雖諸邑所有者較其香色多迥勝之桃梅之種更難備舉樂梨杏櫻桃皆菓類而花多佳麗石榴百葉不定而艷若翠蘭非蘭臘梅非梅登可邪媚瀰此幽姿獨午時蓮大徑二寸浮於水面僅開午時香清而遠尤蓮中之僊品惟九僊山有之耳

草木所生尤有宜於藥者枸杞卅州之亞而苗葉實根于瞻所欲飽也松多千年茯苓有之但人無緣以遇耳黄連大寒香附常物其餘金櫻地

骨蘓艾蒿莧之屬品味苦澀而力多薄不足言

也金不换性熱治瘋而本草未載

土芮葉圓籐紫蔓生實似芋康熙四年歲飢鄉民

往蕺雲山掘取食之賴以全活與蕨根同功

風土 氣候 土壤 風俗 附畲民

林汪達曰泉郡濱海歸氣論曰海氣歸於峯頂德邑高峯環繞氣候特異瘠土思善俗比他邑尤淳盛衰推移司政教者宜悉也志風土

德邑宅萬山之中重崗疊嶂幽邃深杳複嶺入雲陰谷罕曦地高而風多氣鬱而嵐重春夏尚雪霾霧盛暑五月披裘大暑被不撤絮八九月間則人多瘴癘十室九尉夏多冷泉故時行熱瘧之患亦少

此風土之大概也氣候視永春猶後二十日早稻蔬果之屬細民貿販以窺利寒暑陰晴風雨之候以占穀熟則與郡之諸縣多同山民無用曆多聽鳥聲以爲播種之期近山多雨早患視瀕海稍減白露凄其三伏蒸暘生其上者能耐其氣亦多壽考蓄戕賊之患少也凡田多在原隰而德邑之田多在山谿間山高水更高泉自山頂而下則沿山之地繼起登蓄如梯如級纍纍遞利矣稻田水耕黍稷麥菽之類絕少外里兩收之用冬則乾之內里

一熟之田貯水如池亦資魚蝦之利矣田皆黑壤

乾者疏埋水者塗泥白壤鹵不可種赤壤閒有之

大約稻之早晚殊種性有宜潦宜旱田有燥濕視

地所宜亦古驗意度而錯雜種之則荒歉彼此多

相準故年無其熟亦不至大荒山民無别務勤力

作枝無千金之家亦少飢餓之人

邑多一熟之田故耕耘功寡諺曰半年辛苦半年閒

幼挥不任力作多讀書雖窮鄉細民罕不識字者

從古質樸守禮非衣帽不敢拱揖山閒故家守禮

尤甚有客旅衆盡出致恭失禮衆共譏之有慶弔
鄰皆致賀飲食爲樂疾病死喪皆相恤大則冠婚
皆如禮傳志所云不盡親迎者蓋太古鄙樸之俗
因前志而傳訛也兵亂從儉至今未得復古爾喪
未卒哭不敢鮮顏無飲酒樂喪之俗雖細民亦然
但用僧道營齋亦倣古者呼復之意旣無所用亦
情庶幾因鬼神以求之仁人孝子歸厚之道也
可以爲譏祭無清明而至中元男女思慕無著若祖
考之柰俗者八月祭于墓歲終有祭忌裝

甚重飲宴從省約衣不華婦女不登山遊寺無齊
會禱賽惡習紳衿守節鮮罕涉公門不側媚權貴
此風俗之大者也其餘歲時月節嬉遊傀儡演搭
祀神祈穀皆與他邑不甚相遠邑地廣鄉里相去
遼遠音語俗尚亦隨地小異惟離邑遙遠則逾樵
爭徑氣雖守禮而寡文其大概民性嚴毅質樸有
殷人之風尚廉恥多氣節以奴隸爲大詬爭曲直
必取勝七邑稱俠焉弟喪親惑於求福富者喜購
葬墳不肖子孫因之以爲利近歲甚熾又生女多

不舉冨人有數世溺女者兵亂奔走蓋視爲常二
事所關甚大仁人君子所宜轉移也風俗有變而
之善者明成弘以前民俗樸愿教子弟僅取記名
字而已不敢令應郡縣試隆萬以後人始知學負
笈從師彬彬儒雅而科目仕宦始方軌大邑至
國朝制治人始有還淳反樸之思然而習尚難卒變
武健巧詐側媚朋黨亦所不免惟鄉飲示讓講約
示勸庶爲移風易俗之綱維也
尚有畬民架木苴茅以居山谷擇時日之利遇則撤

而他徒耕山爲生音語與人同而自語於家者了
不可辨男子不冠女脚無帛無户籍力役傳云先
世有狗頭王有功自食不與國事賜姓曰藍曰雷
曰盤婚嫁三姓爲婚不通外姓雖貧女爲婢而終
必取贖不嫁民家恐絶其種也
國朝開運乃悉遵制編入家甲從力役與平民無別
但無土田故不能附户籍惟歲時祭祀死喪尚仍
其舊稽宋史張世傑之攻蒲壽庚會山峒畲民意
當時必種類繁盛盤踞自雄而今幾悉化爲民乃

知教化行風俗美覆載之內洵無彼此之殊矣

德化縣志卷之三

城池

范正辭曰鄧張兩侯築龍潯之勝而民賴以安厥功偉矣苟雉堞瀕水俾奕世無其魚之嘆意惟增卑培薄庶可捍水以固城歟志城池

德化縣在府西北一百八十五里舊無城嘉靖三十六年知縣鄧景武始申議築城東爲賓陽門西爲有年門周圍八百三十七丈高一丈三尺

三十九年倭奴自僊遊縣大掠永春知縣張大綱以城廣濶難守約之僅六百六十八丈有奇而稍增其高四十年蓬壺賊呂尚四攻城十餘日不能入遁去四十三年五月東西被水衝壞署縣府檢謝啓光辯之嗣後時有水患亦時爲脩理四十四年知縣何謙以城北居民荒寂乃即其地建拱辰門建北鎮樓以資遠瞭添設窩舖外兵以備巡緝不設南門意有待於後人也至萬曆癸卯年知縣丁永祚始闢南門名來鳳

門崇禎辛巳年令李元龍奉文修理增高三尺
重築北敵樓分雉堞爲一千垛壬午年山寇倡
亂不敢窺城
國朝順治四年冬山賊破縣四門城樓皆被焚康熙
十五年丙辰四月十六日大雨巳時溪水暴漲
逆行衝西南門白瀆淹城市沿溪一帶自西北
至東南城址屋宇湮没爲壑居民淪於魚鱉十
不存一僞知縣葉騰生督民脩築未就病去僞
知縣辛鏡繼成之然濱水卑下草率卒役城址

堵堞低薄民創前災不敢復居故地戸烟寥寥

非復昔日雄觀矣

按度土相原營建邑居必須形勝察陰陽內立廨舍外環城池所以來輻輳奠民生禦非常也德自鄧令築城後不數歲即有呂尚四之警附郭十里外村民被寇難者依城以安至今誦德此萬世之功也然城北阻於山者十之七惟西南至東南瀕水一帶爲烟火稠錯之區前頻遭水患近衝決無存儁令脩築規制草率無長久計

民視邑居爲危地春夏霪雨水漲惴惴然抱孩挈稚惟恐不免竊計不憚改作重爲營度相水勢所憑高築城內居址墉堵雉堞低薄者使崇高牢固守禦足恃無卒然之患則民居無虞生聚可復庫藏廨宇漸次脩建可以復還故觀是一勞永逸功倍創始矣

附敵樓

邑設四門門各有樓所以處汛防資捍圉者

國朝叠罹寇燹城凡三破來厯有年拱辰尚存數楹

得樓汎卒而賓陽北鎮二樓久棄茂草康熙丁卯知縣范正輅下車悉心整葺幸先捐俸勸諭士民葺理完好不憚經營創造以副設兵衛民之意

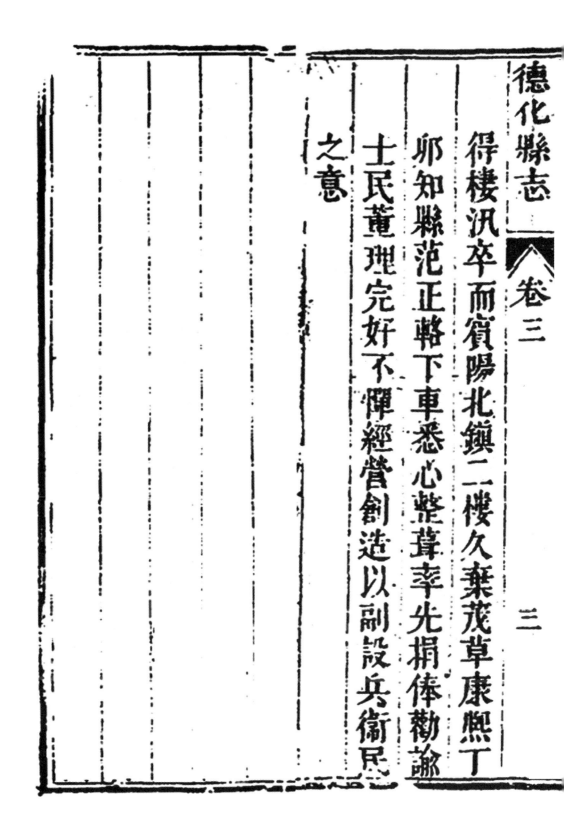

公廨

范正幹曰熙寧紹興以後邑廨幾費經營矣然勝國罹祝融之災與劉受山寇之燼龍潯一炬盡爲焦土迄今規制粗備而廊廡獄庫尚稍闕如學尉防署倉敖風雨出政之原洵有待于留心規制者志公廨

縣署在龍潯山之西南丁溪之北即唐貞觀中歸德場址也後唐長興四年升場爲縣因以爲廨東西相距前橫濶二十二丈後橫濶四十四丈

亘深四十八丈四尺越宋熙寧間令陳居方更營縉芳爲倉庫吏舍中爲琴堂以治事後爲逸堂然濱山地狹紹興十三年令吳榮年始鑿山廣其基爲堂十有二間東繼仁堂令蔣雝立深次序記西眞淸堂令陸浚立公暇游息有海棠有秋香驛雖盡營三齋淳熙四年外門及琴堂皆燬令林淑度復營琴堂令劉公隆營外門令鄭旦之闢綠野亭改爲學道堂綠筠亭改爲燕清亭令季元才營中門紹定庚寅又燬令林何

重建中堂令黃之望繼營聽事令葉彥鄭復建
正門及鼓樓令胡應梅於門內立兩廡東爲吏
舍西爲倉庫犴獄聽事之後西爲書院旁爲百
花亭前縣門舊有春波樓取古讖春溪迹波朱
紫陽看語淳祐己酉冬令吳一鳴重立更立門
外宣紹班春二亭及新四圍垣墉歷元至元丙
子至治壬戌凡兩燬令翟彬簿李德仁達魯花
赤千奴令沈思繼攝令王良猷鄭相繼建然歲
久傾壞明洪武間令王貞丞余袁簿方彥輝大

脩之規制視昔有加正統十三年燬於沙寇鄧茂七尉王志安重構正廳景泰末縣復燬天順初令李清新之并立儀門正德十四年令張紱重建譙樓自爲記嘉靖元年令何宜重建旌善申明亭嘉靖九年令許仁從閣鄰溪地捐俸易民地重建存波樓規制整備廳事左爲典史幕右爲架閣庫大房承發科列於東西廡正廳後爲縣令衙簷廳東爲典史衙架閣庫房西爲吏舍際留倉儀門侮西爲獄外東爲土地祠外

左爲申明亭右爲旌善亭前爲譙樓二十七年
令緒東山重脩知縣屏宇三十二年典史關一
德重脩典史關四十四年知縣何謙建後堂建
土地祠天啓五年知縣桂振宇新建賓館於
儀門內東畔扁曰虛受堂以儀門西爲糾察祠
迨
國朝順治三年山寇竊起城破縣署灰燼無遺六年
令王榜始撤鄭氏郭氏舍以構縣外內堂及後
廨其餘倉卒未備儀門譙樓歷前後任或建或

脩終不能如舊令何之旭始構獄屋五間令和鹽鼎議建兩廊未就擢去康熙二十六年令范正輅下車即捐俸督造兩廊二堂不日告竣

署順治三年同燬於寇後即南門內東畔權創衙舍丙辰年漢水漂沒丁巳冬典史顏志美始就縣署左側舊址重建焉

儒學署

儒學公署在縣署之西署後與縣廨相接濶十二丈深三十餘丈順治四年兵燬學官寄居民舍

康熙癸丑訓導林甲繼請於知縣和顯鼎重建

防署

防署前朝所無順治五年大兵克復縣城副將蔡調燮即西門內民舍修爲副總府順治十一年城再破誠毀自總兵林忠投誠後邑復安將北設防將一員千總徐登於上市北街之前建防守衙康熙丙辰年洪水漂沒丁巳防將千總馬虎於城隍廟西脩署以居即學官前所寄居之舍也

雜署

高鎮巡檢司在東西團劉坑隘守久廢嘉靖九年令許仁斥淫祠慈濟宫改立前堂一間東西廊二間門樓二間繚以垣墻後移在湖嶺至萬曆年間裁減衙門今廢

陰陽學在縣治西洪武十八年建今廢

醫學在縣治西洪武十八年建今廢

僧會司在靈化里程田寺洪武十六年建今廢

道會司在縣治西南承豐里崇道宫故地亦廢

市廛倉庫

范正輅曰邑之爲市者六東西南北寄避縣治雲龍而外如赤水者當大田尤溪孔道可不謂盛歟迨兵水叠災居民渙處市道廢矣倉庫隨燼餘三餘一徒按預備于故乘良可慨已志市廛倉庫

縣治以前東至東門曰下市西至西門曰上市東門外曰東市西門外曰西市雲龍橋以南曰南闕市赤水格當大田尤溪兩縣分路衝要之地

有上街下街曰赤水市

預備東倉二間在縣西今廢

預備西倉五間在東西團巡檢司故地今廢

預備南倉四間在新化里今廢

預備北倉五間在楊梅中俱洪武二十四年建嘉靖三十七年移西南北倉在縣署之西萬曆九年建東倉於舊學基今各倉俱廢

按預備二字之義所以備不虞賑凶荒者也前朝有憲令將歷年積穀銀兩候冬成買穀上倉又

奉明文每年青黄未接散給各役工食或糶下戶貧民其銀扣收在庫新開徵時從里班之便自認上稻照時估價大約每四十石准銀十兩即以扣收之銀起解則在倉無朽壞之穀在民無飢餓之苦無火耗之費與守者不至多賠而倉可常盈民可不擾著爲令甲可也不意

國朝以來邑經三破倉貯蕩毁縣官既無積穀雖有樂助之舉而輸者甚少不惟民食無所賴即桑土綢繆之計亦有不可忽者如丁亥之變寔因

糧匱非有心者宜預圖耶

坊表鋪舍養濟漏澤教場

泚正格曰坊以旌賢鋪以達遠養濟以恤無

告漏澤以瘞枯骨教場以習武事之制之大

也邑之坊表廢矣鋪舍猶有存焉者亦衰究

掩骼埋胔故址未盡湮也若夫[illegible]

定所庶幾偃武之休風也耶志坊表鋪舍養

濟漏澤教場

坊表

宋旌孝坊爲孝子張興渭立

裀魁坊爲蘓總龜立

使星坊爲蘓欽立

應宿坊爲陳師文立

好德坊以市廛富樂民俗淳厚得名俱康

明步瀛坊攀桂坊俱在楊梅上爲凌輝立

鍾秀坊在東西圍爲貢士蔣應立

登雲坊擢桂坊俱爲舉人曾灝立

崇德坊青雲坊俱爲舉人余英立

鳳鳴坊爲舉人林貞立

昆郎世美坊爲知縣林棟林樞兄弟立

玉署坊崇禎年御史陸清源爲翰林春坊賴垓立

康熙丙辰年圮於水

承流宣化二坊在縣治前左右

以上亦俱廢

舖舍

宋制以軍士充役謂之舖兵元每十里或十五里

二十五里設一舖舖置舖兵五人明在城曰縣

前舖在縣治西縣東南一十里抵永春縣

高洋舖嘉靖四十年知縣何謙重建今闕

養濟院

養濟院明洪武初令天下置以處孤貧殘疾無依者令王貞創於龍潯山麓久廢嘉靖九年令許仁斥縣東眞君淫祠改建後遭壺賊呂尚四燬之復建於西市之上舊西門內屋大小八間外有門墻今燬康熙二十三年令傅以履始建三間餘尚有待

漏澤園

滆澤園昔在縣南陂頭格今移在縣東塔兜瀨

教場

教場昔在縣東後借社稷致齋所爲之知縣許仁申請復舊而寃未移復今仍在社稷壇之西厲壇之東

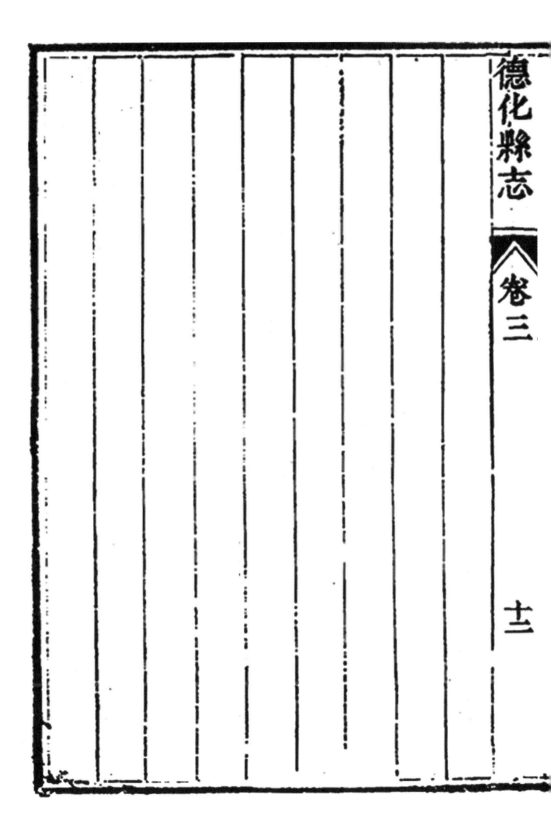

德化縣志卷之四

學校

林櫕曰學校人才所出也自秦令改建制度宏敞人文鵲起惟地靈斯人傑耳自經兵燹鼎建後三十年來未復舊制豈人力不逮與抑脩建者好名而失實歟責成功復舊觀歟思藥以致望焉志學校

宋以來學在縣治東畔橫濶一十七丈有奇直濶六十一丈有奇曾遷于東南隅沙坂背巽向乾議

者謂弗稱南面之義宋建炎中復建縣治東淳
熙中火令顏敏德鄭旦之梁高李元才相繼脩
建紹定二年復燬于寇五年令林倚重建禮殿
令黄之望繼成之端平三年令葉彦鄉重建講
堂四年令胡應梅建欞星門戟門上爲御書閣
令吳一鳴繼成之德祐二年復燬於兵元至元
十二年尹翟彬重建禮殿元貞中邑長千奴注
洸思葙建戟門两廡講堂齋舍繪塑聖賢從祀
像至元四年教諭林天資建學廳至正二十六

年總管泉州路推官蔡嗣宗重建禮殿戟門復
建尊德堂殿東建學堂及兩齋規模粗備明洪
武初令王巽王貞相繼脩葺三十三年令應履
平重脩殿廡建櫺星門明倫堂兩齋儀門內鑿
泮池架以石橋外建學門臨于通衢復建饌堂
號房于明倫堂東建神廚宰牲祭器于戟門左
宣德二年令李青建戟門及東西廡六年令胡
昱建大成殿七年重建明倫堂及東西兩齋天
順二年塑聖賢像建訓導宅五年鑿泮池成化

十六年署縣事郡知事狄鍾建儀門及學門仍捐資易百戶李春臨溪屋以廣之舊右廟左學弘治十七年令胡湝乃易基重建左廟右學嘉靖七年建敬一亭八年令許仁創啓聖名宦鄉賢三祠復學前瀕溪地之侵于民者直深八丈八尺廷袤一十五丈四尺及東射圃學池之賣于民者西抵縣界前臨通衢達于丁溪北抵學後山春十八年教諭秦璿訓導張津捐貲率諸生鼎建仍右廟左學及造訓導衙宇十九年復

建啓聖公祠二十九年令緒東山建教諭衙四十一年令張大綱移泮池于櫺星門外隆慶元年令何謙重脩大成殿明倫堂及諸衙宇此古學宫興廢之大槪也萬曆元年令秦霈移建于城西北大洋山之陽是爲今之學宫地取山麓之在官者而市民田以廣之爲畒凡一十有二用金一百二十有奇中爲先師殿次儀門奇廟門東爲明倫堂又東啓聖祠次名宦前教諭衙西爲尊經閣閣前爲朱文公祠前爲射圃又西

爲敬一箴亭次鄉賢祠前訓導衙學前爲泮池及學田東西至垣墻及八民田北至學後山南至城墻爲界自爲記天啓年令桂振宇改册堤鑿泮池于櫺星門内架橋其上禁籠脉行人立騰蛟起鳳二華表崇禎年令李元龍教諭郭嶷重脩大殿

國朝鼎革之初人心未一山氣四起順治三年學宫明倫堂及啓聖公祠等處俱爲灰燼至順治八年署縣通判孫自孫始營正殿未成而卒殿將

傾圮順治十五年令何之旭重撤而建之宏壯有加餘未暇及也康熙十年令和盛時重建儀門訓導林甲繼佐之建兩廡及櫺星門圍以垣墻康熙十八年教諭毛欽祖捐俸重脩兩廡大成殿明倫堂之修建其任猶有待焉

學田共七十四畝五釐每歲徵租銀一十一兩二錢二分

一段坐坊隅里土名雙髻山

一段坐新化里土名朱埔庵

一段坐新化里土名亢池尾等處

一段坐湯泉里土名獅子巖

一段坐湯泉里土名尤井庵

一段坐湯泉里土名竹林庵

一段坐東西團土名法林寺

一段坐東西團土名感井庵

一段坐東西團土名塔口洋中

學山共三十二畝八分九釐四毫五絲

萬曆己亥年邑令吳景梅撥鄭牛生鄭惟德贖[illegible]

呈送絕田四十七畝一分八釐八毫

又撥李德李雪子李驕送絕田四十畝

國朝康熙二十二年總督部院姚　捐銀四十兩買

置學田三段

一買民田一段坐貫邑城後土名翁仔坂大小一

十三坵東至曾宅田西至潘家田南至坑北至

山年載租穀三百五十觔

一段坐貫潦上鄉土名海山腰格大小一十二坵東

至坑西至周家田、南至山北至山年載租穀六

百觔

二段共載租穀九百五十觔寔田五畝六分一

釐七毫二絲四忽配民米二斗八升五合價銀

二十八兩五錢正產米原載清泰里八甲謝奎

偉戶內

一買民田一段坐貫石僚村土名烏洋大小共六

坵東至顏家田西至路南至路北至溪年載租

穀四百一十觔實田三畝三分九釐六絲五忽

配民米一斗七升二合四勺八抄價銀一十一

兩五錢正產米原載在坊里七甲顏敢戶內
德化縣知縣王之紀捐銀一十五兩儒學教諭鄭
默捐銀六兩共銀二十一兩買置學田
一段坐貫縣兜土名滻後巷大小共五坵東至圳
西至小溪南至溪北至大路年載租穀七百觔
實田四畝一分三釐九毫一絲八忽配民米二
斗一升產米原載在坊里四甲連慎憲甲下李
進股丁李深戶內
以上田四段今俱撥入新立姚興儒戶內輸課永

令諸生顧名思義也

附社學

明洪武初詔天下興社創立社學正統以來屢勅提學官及州縣牧嚴加督課德化在萬山中社學久廢嘉靖九年令許仁請於提學副使高賁亨斥各里園淫祠改為社學并處置資用以贍之

良泰社學在宏詞鄉臨溪

大卿社學在永豐里一廛五圖東西兩廊前三架

廊後空園一畝外門樓一座周圍有墻
濟山社學在永豐里英山村一座五間門樓一間
南洋社學在新化里南洋半嶺中二間東西各三間
門樓一座邊小屋二間周圍有墻
朱紫社學在清泰里一座三間前門東西廂房各
一間周圍有墻
梅峰社學在楊梅中嶺陽村一座中一間東西各
二間前堂一間周圍有墻
三峯社學在楊梅上涌鄉一座三間前門一間

東西廂房各一間，周圍有墻

桂林社學在東西園貴湖里，一座三間，東西廂房各一間，前門一間，周圍有墻

萬峯社學在湯泉上桂林坊，一座一間，東西廂房各一間，門樓一間

伏虎社學在湯泉上，一座三間

雲際社學在黄認園雲峯山下，一座三間，東西廂房各一間，前門一座，周圍有墻

瑞科社學在小尤中，一座一間，東有小廳，西有講

堂□後房二間前有拱橋

丁溪書院在縣前南壇之左嘉靖二十六年令繕

東山建郎中鄭普爲記今址尚在

龍濤書院在龍濤山令張大綱建遺址尚存

按社學之設仿古者黨庠術序之制黜百家宗孔孟家喻戶曉所以美風俗興人才自許令有昌黎焚佛骨興社學以勵遺風德八里興學至十餘所其民間自建者不在此數亦云盛矣百年來盡廢或轉而爲梵宮道宇可勝惜哉存其名

與其地後有許令其人着無難按籍而復也林汪

逹志

壇壝祠廟

范正幹曰邑當戡亂時以壇壝爲射圃者有之乃二三廟貌火于寇圯于水運使然也者時逢清晏備明祀以步兵遺址尚存舊制宜復皆可按籍而舉也志壇壝廟祀

社稷壇

社稷壇在縣西舊即地而祭宋紹興中令林及始甃二壇令趙彥濂重建大齋廳結甃壇壝植以松栢歲久傾圮令吳一鳴重修仍立石爲主明洪

武二十一年圯於水三十三年主簿古彥輝重
建及神厨神庫宰牲亭齋戒所後俱廢正德末
年因防寇諸所暫作教場嘉靖九年令許仁始
請復縣東舊教場地仍立華表於壇南時壇式
橫列三壇門各四陛中立社稷東雨師西雷師
總爲五壇高二尺五寸外爲繚垣視壇稍高其
塗非出明制壇式四方各二丈五尺取太社五
丈而殺其半也高三尺陛各三級壇下非深九
丈五尺東西南各五丈繚以周垣立四門路由

北入壇樹石爲主高二尺五寸方一尺止露圓
尖餘埋土中置神牌二題曰縣社之神縣稷之
神與諸神牌俱藏於城隍廟後祭則奉至壇上
國朝悉依此制

山川壇

風雲雷雨山川古無特祠明洪武六年建於縣之
龍濟橋南後圯於水三十三年主簿古彥輝重
脩歲久傾頹嘉靖九年令許仁重建立華表於
壇南

厲壇

邑厲壇舊在縣非妙峯山麓南向洪武六年建十三年知縣王貞復招而廣之壇前建亭一所壇之東立石刻欽祭文東宰牲厨二間房一間制宜立於城北東門乃寅日迎春生養之方非厲鬼所安嘉靖十年令許仁遷之西北在社稷壇之西

鄉社壇

鄉社壇在各里團每里一百戸內立壇一所祀里

土五穀之神明洪武六年建定爲壇制周圍四丈高二尺壇下廣各三丈深四尺六寸繚以崇墉但各鄉立者甚少亦不能如制

城隍廟

城隍廟在縣西宋舊址也紹定庚寅火於寇淳祐壬辰令黃之望建於縣中門之東明洪武初因之宣德元年令何復遷舊址嘉靖元年令胡章重建正殿寢殿及兩廡規制完整地深而基高列植栢樹儼然治民之所兩廡久壞令和盥鼎

粗脩未完康熙二十三年防將千總何演榮捐俸倡募重脩廟貌煥然矣

關帝廟

關帝廟舊在東門外後移於城內下市康熙十一年夏廟後古松大圍丈餘忽折壓廟全屋皆碎獨神座上尾桶具存像獨儼然無傷令和鹽鼎重建之康熙丙辰年圮於水

新關帝廟在北山上順治十八年令何之旭因征賊許于徼望有神助功成建廟

德化縣志卷之五

典禮

范正幹曰德邑僻壤然班朝涖軍一二大典猶奉行弗墜者際茲明備使因循固陋鄉裳貽譏來者也作之意謂何乎志典禮

慶賀之禮

聖壽元旦冬至千秋令節縣令率僚屬前一日赴程田寺習儀正日昧爽乃就縣堂左右排班行三跪九叩頭禮

三叩後知縣詣
天祝聖禮生口誦祝畢復班再六叩頭分班奉龍亭
歸架閣庫散班
開讀之禮
詔書至開讀所本縣守率僚屬具龍亭綵輿儀仗鼓
樂出郭迎接朝使下馬奉
詔書置龍亭中南面朝使立于龍亭之左本縣官朝
服北面行三跪九叩頭禮衆官及鼓樂先之前
導朝使上馬在龍亭後至縣門外衆官先入東

西序班恭候龍亭至縣庭中朝使立於龍亭之
東西向贊者唱衆官排班班齊衆作贊三跪九
叩頭禮朝使捧
詔書授展讀官跪受置開讀案宣講衆官北面跪宣
讀訖展讀官捧
詔授朝使朝使復奉
詔安龍亭中衆官復行三跪九叩頭禮長官詣龍亭
前跪啓云
聖躬萬福朝使鞠躬恭答曰

聖躬萬福禮畢奉鼓樂迎

詔于官亭衆散班

迎春之禮

凡立春前一日縣官率僚屬于東郊設芒神土牛

綵仗行三于芒神擊鼓三聲起春迎土牛置于

縣庭公宴官生皆與至交春候芒神以綵杖鞭

土牛戒農事也俗有結綵隊仗為人物雜戲

鄉飲之禮

每年正月十五日十月初一日縣官預牒儒學擇

大賓衆賓禮請已定屆期至學宮設賓主介僎

外衆賓序齒列坐僚屬則序爵監生從之所以

尊高年尚有德興禮讓也明初甚重

國初遂曠康熙十二年令和靈鼎奉文舉行始重其

事二十六年丁卯令范正輅虔舉盛典一時稱

爲希覯

大賓擇邑中年高有德者爲之位於西北

介賓以次長位於西南

三賓以賓次者爲之位于賓介之後

主則縣官爲之位于東南
僎以教職爲之位于東北
賛禮以習禮生員爲之
按禮記鄉飲篇言之詳矣賓主象天地也而介僎
象陰陽也介以輔賓僎以輔主其坐位之義皆
本於是故縣官爲主則教職爲之僎者正也俗
以東非爲尊位而教官有謙而不敢居未深考
矣舊志以致仕鄉官爲之益荒謬無稽夫縣爲
主則鄉官賓屬也乃輔主乎不可不正

鄉約之禮

每月朔望集通邑之鄉紳士民于城隍廟現任官居東鄉紳居西諸生居後耆老庶民站立兩旁舉

聖諭牌行三跪九叩頭禮禮畢分班序立仍現任官居東鄉紳居西諸生次于兩列庶民立于墀下木鐸老人振鐸高聲宣上諭十六條畢鳴講鼓約講六人舉講案于庭中高聲開講紳衿庶民肅恭拱聽講畢分班圓揖以次回家其各鄉里

社縣官不能遍封則社中紳衿董之禮亦如式

賓興之禮

凡舉人進士皆官為豎旗於學宮又送旗扁於家貢生送旗扁而學無豎旗新進官送入學拜師長畢師長方令拜謝父母公堂有宴新生主辦鄉會舉試皆有起送則綱銀也縣官下車即有考試本縣生員及儒童又有四季考校皆備飯給賞上臺發行季考亦如之歲科考試童生先由縣試凡冒籍下賤必先擯逐所以養廉必重

鄉試也

公宴之禮

凡縣官上任則有公宴於縣堂今廢學官佐貳亦公宴于縣堂今廢迎春公宴于後堂貢舉人起送皆有公宴于後堂科舉起送公宴于縣堂鼓樂迎導再宴于登科山或聯霄塔今塔廢迎出郊

救護之禮

凡日月薄蝕欽天監文到屆期設香案于露臺上置金鼓于儀門官生先候於後堂陰陽生報初

佾官生朝服三獻九叩行自西下東上三周再報食甚再九叩報復圓又九叩撤案僧道人等皆隨班行禮

祈禱之禮

凡遇旱或潦上文或邑自禱皆停徵息訟禁屠沽牒城隍設壇官民朝夕皆拜祝不應則率衆步禱請水於龍潭置之壇上官民皆行烈日中數步一拜至雨乃止報賽祈晴亦依其禮然德邑水田地高雨不爲害祈晴故少舉也

德化縣志卷之六

祭法

范正幹曰祭法悉本諸古乃又臚列從祀于孔子廟庭正恐見習而玩生也邑無濫祀無踈數蓺酌亦云善矣第名宦鄉賢躋特增益俾後之觀者庶知蕞爾龍潯人材輩出云志祭法

二丁之祭

凡仲春仲秋首丁日致祭

先師俱照省會四更三點先祭
啓聖公
元至順間始加夫子父叔梁紇封爵而祀典未有舉者先時顏無繇曾點孔鯉皆從祀兩廡洪武四年司業宋濂上言立學專以明倫今回參伋坐享堂上其父列食廡間顛倒彝倫所當别議弘治間少詹程敏政復以爲言俱格不行嘉靖九年令國子監并天下學校各建啓聖公祠而以顏無繇曾點孔鯉孟孫氏配程珦朱松蔡

元定從祀萬曆三十年以周敦頤父輔成從祀
凡祭用帛二豕二羊二各鉶一爵一簠一簋一
籩豆各四祭儀如　先師廟或教官分獻祭啟
五更一點祭　先師自
漢高祖始以太牢祀孔子僅行於闕里至魏正
始間始祀孔子於辟雍僅行於太學隋命府州
縣學皆以春秋仲月釋奠至唐高祖乃詔立廟
唐太宗始令主祭後遂因之孔子稱號始於漢
平帝時封為褒成宣尼公唐高宗贈太師唐玄

宗封爲文宣王宋太祖詔廟門立戟十六眞宗
加爲玄聖文宣王尋以犯太祖諱改玄聖爲至
聖徽宗加冕十二旒服九章廟門用戟二十四
元成宗又加爲大成至聖文宣王明洪武三年
詔孔子封爵仍舊
漢安帝時始祀七十二子於闕里唐太宗始以
孔子爲先聖顏子爲先師配之貞觀二十一年
復以左丘明卜子夏公羊高穀梁赤伏勝高堂
生戴聖毛萇孔安國劉向鄭衆杜子春馬融盧

植鄭康成服虔何休王肅王弼杜預范甯賈逵二十二人配享高宗總章間贈顏回爲太子少師曾參爲太子少保並配享玄宗開元間用李瓘言始以顏淵閔子騫冉伯牛仲弓宰我子貢冉有季路子游子夏爲十哲而以曾參居十哲之次各爲坐像餘弟子悉從祀於廡開元二十七年又贈顏回爲兗國公閔子騫等九人爲侯曾參等爲伯宋真宗又以閔子騫而下皆爲公曾參而下皆爲侯左丘明而下皆爲伯神宗元

豐間始以孟子同顏子並配享荀况楊雄韓愈
並從祀徽宗大觀間始以孔伋從祀理宗淳祐
間加周惇頤朱熹公封並從祀景定間又加張
栻呂祖謙伯爵從祀度宗咸淳間始以顏回曾
参孔伋孟軻並配孔子而升顓孫師於十哲以
邵雍司馬光從祀元皇慶間以許衡從祀至順
間加封顏子爲兗國復聖公曾参爲郕國宗聖
公孔伋爲沂國述聖公孟軻爲鄒國亞聖公而
以董仲舒從祀明洪武十五年詔天下儒學皆

祀孔子二十九年罷揚雄從祀進董仲舒從祖
永樂八年正文廟聖賢繪塑衣冠令復古制英
宗正統間以胡安國蔡沈眞德秀吳澄從祀孝
宗弘治九年以楊時從祀
祭祀之樂初用六佾其祭品用洪武三年更定
犧牲正位犢一羊一豕一籩豆各十登一鉶二
簠簋各二帛一酒尊三爵三憲宗成化中樂加
八佾增籩豆各十二
世宗嘉靖九年詔易塑像爲木主題曰至聖先

師孔子神位改大成殿曰先師廟戟門曰文廟之門定四配曰復聖顏子宗聖曾子述聖子思子亞聖孟子先十哲曰閔子騫冉子伯牛冉子有仲子路冉子[illegible]宰子我端木子貢言子游卜子夏顓孫子師東廡澹臺滅明原憲南宮适商瞿漆雕開司馬耕有若巫馬施顏辛曹卹公孫龍秦祖顏高壤駟赤石作蜀公夏首后處奚容蒧顏祖句井疆秦商公祖句茲縣成燕伋樂欬狄黑孔忠公西蒧顏之僕施之常秦非申棖

顏噲西廡宓不齊公冶長公皙哀高柴樊須公西赤梁鱣冉孺伯虔冉季漆雕徒父漆雕哆商澤任不齊公良孺公肩定鄡單罕父黑榮旂左人郢鄭國原亢廉潔叔仲會公西輿如邽巽陳亢琴牢步叔乘其木主俱稱先賢某子之位春秋以來諸儒左丘明公羊高穀梁赤高堂隆毛萇伏勝孔安國董仲舒后蒼王通杜子春韓愈胡瑗周敦頤程顥邵雍張載司馬光程頤歐陽脩楊時朱熹呂祖謙胡安國張栻蔡沈真德秀

陸九淵許衡其木主俱稱先儒某子之位申黨
卽申棖林放蘧瑗鄭衆盧植鄭玄服虔范甯七
人各祀於其鄉黜公伯寮秦冉顏何荀況戴聖
劉向賈逵馬融何休王肅王弼杜預吳澄十三
人其后蒼王通歐陽脩胡瑗陸九淵皆增入者
凡籩豆樂舞之數亦更定焉用八籩八豆餘如
舊樂舞止用六佾隆慶五年又以薛瑄從祀萬
曆十二年又以王守仁陳獻章胡居仁從祀
凡祭先師樂只用六佾帛二羊二豕一爵三登

一鉶二簠二簋二籩八豆八四配共用羊一豕一各帛一爵三登一鉶二簠一簋一籩豆各六十哲共用帛二二豕二各爵一鉶二簠一簋一籩豆各四外用勺以挹酒雲雷尊二盛初獻酒象尊一盛亞獻酒犧各一盛終獻酒春秋二仲上丁日縣正官至祭俱依儀注惟不能備樂萬曆三十七年提學熊尚文議丁祭先師四配俱縣正官獻十哲兩廡俱學諭司訓分獻佐領官俱充陪祭

萬曆三十九年提學道馮烶議增釋菜禮先師
以周靈王庚戌歲八月癸酉建之二十一日庚
子甲申時生敬王壬戌歲二月癸卯建之十八
日乙丑壬午時卒七十有三遇日教官行祭如
禮祭先師祭文惟師德配天地道冠古今删述
六經垂憲萬世惟茲仲春仲秋謹以牲帛醴齊
粢盛庶品式陳明薦以復聖顏子宗聖曾子述
聖子思子亞聖孟子配品物祝文悉如制
按歷代封號之加皆崇尚聖學起見要無可疊

軒輊但以孔子則祭之曰王諸賢則曰公曰侯曰伯代有不同竊以王公侯伯皆人爵也豈足爲聖賢增重故惟宋度宗始以顏曾思孟並配孔子允爲至當至明世宗屏塑像爲木主而以至聖先師四字爲封號於四配則去公爵止稱以復聖宗聖述聖亞聖之號斯乃萬古不易之定論也又令天下各建啓聖祠而以四配之父爲從配尤爲盛舉後有作者無以易之矣又明太祖黜揚雄而進董仲舒亦確見也

朱文公明祖始立特祠不從兩廡俱以春秋二仲月
　丁日致祭先師後乃祭其祝文祭品俱照儀注
　如制

名宦

名宦祠於朱文公祭畢致祭

宋集賢院學士前德化縣尉陳公靖

明文林郎德化縣知縣王公巽

　按察使前德化縣知縣應公履平

　文林郎德化縣知縣湯公翼

廸功郎德化縣縣丞余公表

監察御史前德化縣主簿古公彦輝

學憲副使熊公洽

文林郎德化縣知縣胡公惟立嘉靖三十四年入祀

按令者民之司命與理治平與君共之者也故所居民富所去民思生有榮號死見春祀彬彬乎君子之遺風矣德化縣建自五代後唐長興三年歷官於此若令丞若簿尉豈無遺愛而僅祀宋集賢院陳學士靖若明朝王令巽應令履平

馮令翼余丞表古篿彥輝熊學使洽胡令惟立
寥寥八哲何其少也前此時平物阜邑無大事
君子無所見其功嘉靖後兵荒至而文明亦啓
建城池立學校興利除弊禦災捍患厥功偉矣
而槩未舉祀者其 所縉紳少而表彰者寡也尚
論往古洵有俯仰興懷不能自已者矣

鄉賢

鄉賢祠於名宦祭畢致祭

唐歸德場長顏公仁郁

宋循州知州鄭公輪

轉運判官蘇公欽

贈朝請郎林公秘

明中憲大夫按察副使凌公輝

循吉二州知州洙公 以嘉靖三十八年入祀

平樂府通判畢公輔

廣東四會縣知縣鄒公絅

戶部主事鄭公沛

全椒學訓導賴公孔教

封臨江府推官郭公琛崇禎六年入祀

贈翰林院檢討原廣東四會縣知縣賴公嫌

按古人祭有道有德者於瞽宗又謂鄉先生没而祭于社則鄉賢之祀尚矣德故多賢而學宮歲久祠廢撤杳莫聞至嘉靖己丑許公仁始請於提學創鄉賢祠於儒學宮合祀者得宋知衢州鄭翰轉運判官穆縣贈朝請郎林程行事載之舊志而前此當五代政荒民散之時有顏公仁郁能撫其民不至流離感功懋哉凌侍御輝破

流登甲持憲徙，近鑑圖史修縣志，誠偉人也。知州林茂先死於王事，卓然可入祀典。厥後奏令罷改建學宮，而立鄉賢於廟西，嗣是而舉祀者七人，亦多賢哉。蓋古之化俗導民者，非必其條教之詳、法令之嚴，亦固有誘掖獎勸之道焉。鄉賢之舉，以牖民也。德化山川秀淑，風氣淳朴，矯發而興者何論，於古今亦使名實相副，有以為感興起發之助，斯可爾。瞻其祠，論其世，足動私淑之慕者，其在斯乎？其在斯乎！

社稷之祭

社稷之祭其立自有明祖定制號二神於壇南正中題曰縣社之神縣稷之神每歲以春秋二仲月上戊日致祭祭文係注如式用帛二黑豬羊二豕二爵各三各鉶一籩四豆四簠二簋二無樂

風雲雷雨山川城隍之祭

山川壇朱未有祭洪武元年令各省府州縣皆祀其境內山川至六年以風雲雷雨合祭其後又以城隍合祭壇制與社稷同但門由南入不設三

每年春秋仲月上巳日祭其壇設三神位風雲雷雨居中山川居左城隍居右稱曰某縣風雲雷雨之神某縣山川之神某縣城隍之神其祝文儀注如制中位帛四左位帛二右位帛一但白色羊三豕三各湆一鉶一籩四豆四簠簋各二無樂儀注與社稷同但社稷獻官就位通贊唱瘞毛血山川則臨祭執事者先以毛血瘞於坎通贊不唱俱以春秋二仲月上巳日行祭

邑厲祭

厲祭蓋古有之明祖定每歲春清明日秋七月十五日冬十月初一日祭無祀鬼神先期三日主祭官牒告城隍畢至日設城隍位於壇上用羊一豕一設無祀鬼神牌於壇下左右題曰本府州縣境内無祀鬼神用羊二豕二置於器以米三石爲羹飯等設各鬼神位前其香燭酒紙隨用

國朝因之

其祭文曰維某年月日某官某等遵承禮部劄付欽奉

皇帝聖旨御製頒行厲祭祭祀本府州縣闔境無
祀鬼神等衆事普天之下后土之上無不有人
無不有鬼神神人之道幽明雖殊其理則一故
天下之廣兆民之衆必君以主之君總其大又
設官分職於府州縣以各長之各府州縣又於
每一百戶內設一里長以領之上下之職紀綱
不紊此治人之法如此
天子祭天地神祇及天下山川王國各府州縣祭境
內山川及祀典神祇庶民祭其祖先及里社土

穀之神上下之禮各有等第此祀神之道如此
尚念冥冥之中無祀鬼神昔為生民未知何故
而殁其間有遭兵刃而横傷者有殁於水火盜
賊者有被人取財而逼死者有被人強奪妻妾
而死者有遭刑禍而負屈者有天災流行而殁
死者有為猛獸毒蟲所害者有為飢餓凍死者
有因戰鬭而殞身者有因危急而自縊者有因
墻屋傾頹而壓死者有死後無子孫者此等混
寃或終於前代或殁於近世或兵戈擾亂流移

於他鄉或人煙斷絕久缺其祭祀姓名泯沒于
一時祀典無聞而不載此等孤魂死無所依精
魄未散結爲陰靈或依草附木或作爲妖怪悲
號於星月之下呻吟於風雨之時凡遇人間節
令心思陽世魂杳杳以無歸身墜沉淪意懸懸
而望祭興言及此怜其慘悽故敕天下有司依
時享祭在京都有泰厲之祭在王國有國厲之
祭在各縣有邑厲之祭在一里各有鄉厲之祭
斯於神依人而血食人敬神而知禮仍命本處

城隍以主此祭欽奉如此謹設醴牲羹飯致祭本縣闔境無祀鬼神等衆靈其不昧來享此祭凡我一縣境內人民倘有忤逆不孝不敬六親者有姦盜詐僞不畏公法者有拗曲作直有躱避差役靠損貧民者似此頑惡奸邪不良之徒神必報於城隍發露其事使遭官府輕則笞杖決斷不得號爲良民重則徒流絞斬不得生還鄉里若事未發露必遭陰譴使舉家病染瘟疫六畜田蠶不利如有孝順父母和睦親族畏懼

官府遵守此法不作非爲良善正直之人神必
達之城隍陰加護祐使其家道安和農事順遂
父母妻子保守鄉里我等合縣官吏人等如有
上欺
朝廷下枉良善貪財作弊蠹政害民者靈必無私一
體昭報如此鬼神有鑒察之明官吏非諂諛之
祭尚饗
祭以饗神壇以展祭壇壝之設理明格幽不
可廢若乾初蒞德奉行鉅典遍歷三壇荒蕪

傾圮几筵不肅對越謂何詢厥所由因昔年洪水衝嚙故址盡湮沒于沙礫也無如民力不支未遑脩舉兹捐薄俸爲工修築今而後庶登降有儀而神其享之

鄉村土穀之祭

凡各鄉村每一百戶內立壇一所遇縣官親祀日里老各率其鄉民預辦祭物以祀五土五穀之神專爲祈禱雨暘時若五穀豐登每歲一戶輪當會首常川潔淨壇場其祭用一羊一豕酒果

香燭紙隨用祭畢就行會飲會中先令一人讀

鋤強扶弱之誓

其詞曰凡我同里之人各遵守禮法無恃力凌弱違者先共制之然後經官或貧無可贍周給其家三年不立不使與會其婚姻喪葬有乏隨力相助如不從衆及犯姦盜詐僞一切非爲之人並不許入會讀誓詞畢長幼以次就坐盡歡而退務恭敬神明和睦鄉里以厚風俗其祭祀祝文云維某年月日某府某

縣某鄉某里某人等謹致祭于五土之神五
穀之神曰惟神參贊造化發育萬物凡我庶
民悉賴生植時維仲春東作方興／仲秋歲事有成恭申祈告／祭報
伏願雨暘時若五穀豐登官賦足供民食充
裕神其鑒知尚饗

論曰壇社稷於西郊非獨陰神也壇山川風雲雷
雨於南郊南嚮陽神也故社稷有望瘞而山川
有望燎各從其氣也厲於北郊鬼之也而祭以
反而伸之故亦南嚮其義則非博學深思者不

能心知其意矣至矣哉

城隍之神

城隍古不載祀典後世以爲高城深池捍外衛內其英靈炳而爲神不可以無祀其祀與山川社稷同義自宋以來有之逆洪武二年封爲鑒察司民顯祐伯秩四品六年正諸神封號改題曰某府某州某縣城隍之神既與風雲雷雨山川並壇而祀矣而每歲中厲祭則掌印官牒告於廟奉神以主之各鄉厲祭則各村長率里民亦祭

告於神請主其祭其廟中無特祭惟縣官入境
先宿齋廟中發誓及厲祭發牒暨水旱禱賽則
有牲酒之獻朔望則行香

關廟之祭

關帝亙古精忠赫奕不泯故自明朝以來九州四海
縣郡皆有廟祀雖無　注而德邑有司於二仲
上巳日皆與二壇並祭羊豕帛皆同禮之以義
起而遂守之爲經者也凡官履任朔望行香

本朝皆依舊

旗纛之神

洪武初令各處守禦官公廨後築臺祭旗纛春以驚蟄秋以霜降日舉祀本邑無築臺後俱以霜降日請旗纛神於關廟用牛牲就演武場行禮皆縣官主之

本朝機兵俱供厮役不操閱而旗纛之祭防守將領主之

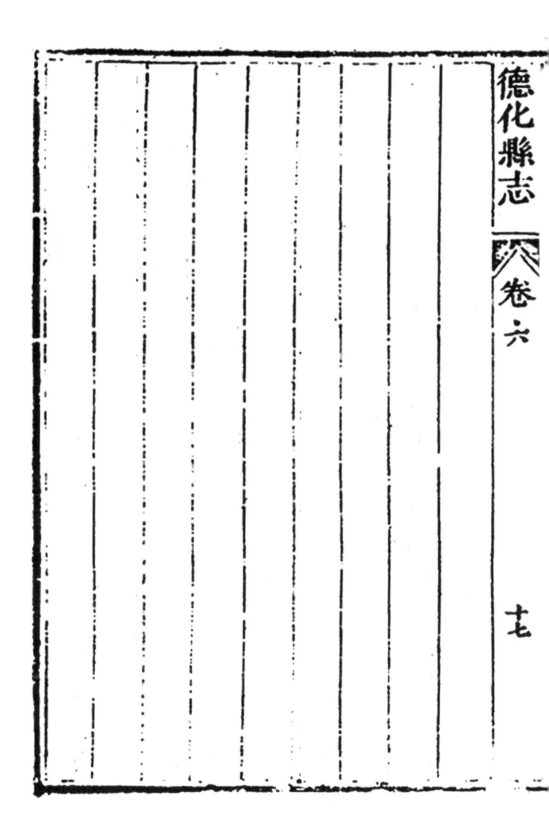

德化縣志卷之七

戶口

鄭默曰地届山海當多難之時不無輕棄其桑梓者今清晏矣奠厥攸居永建乃家行見丁齒日盛林林總總無煩王成之僞增矣志

戶口

宋元豐八年挈主客戶各歸其籍以丁力輕重征差兼諸資產然當時差役繁重戶口僞增又科身丁錢米重爲民困至有父子流移他所甚至生

于不舉雖經守臣論藏而興泉如舊焉

明初定閩中即令民以戶口自寔至洪武十四年始頒黃册式於天下令軍民鹽匠等戶各以本等名色占籍惟民戶丁多許關折自爲戶十年則覈其老幼生死而更造之凡科數物料及差役十年一事男子年十六以上爲成丁丁當米一石事其身貴者老耆疲癃殘疾者皆復之正德十四年行八分法毎一丁歲徵銀八分以支歲辦等料惟差役仍舊十年一事云

洪武二十四年戶二千七百二十七戶口一萬七
千九百口
嘉靖元年人戶一千一百九十五戶人口無考
嘉靖四十一年人戶一千一百五十四戶人口五
千五百八十口
隆慶六年人戶一千七十三戶人口六千三百九
十五口
萬曆十八年人戶一千八十七戶人口五千五百
八十五口

天啓七年知縣桂振宇奉文審編計軍民人戸一千一百二十一戸內民戸八百戸軍匠戸三百二十一戸人口五千七百二十四口內男子三千六百三十二口婦女二千九十二口

崇禎年間皆存舊額至

國朝康熙元年知縣何之旭奉文嚴飭編審均賦均役等事帖下該縣各都圖里甲凡紳衿士庶家人十六歲以上者俱編入冊

原額人戸一千一百一十七戸

原額男子成丁二千四十四丁
婦女併不成丁二千四百二十六丁
新增男子成丁二百一十五丁
婦女併不成丁五百九丁口
康熙九年知縣湯暨奉文編審一之期節
查照寔在苗米多寡收壯豁老除絶編補原額
無虧
實在男子成丁二千一百五十九丁
婦女併不成丁二千九百三十五丁口

康熙二十五年奉文編審

實在男子成丁二千二百五十九丁

婦女併不成丁二千九百三十五丁口

康熙二十五年奉文編審戶口人丁適知縣傅以寵丁累離任前田縣丞撒啓明代庖案查德邑成例錢糧照苗米科徵苗米從丁田出辦往往富室之家戶盈百丁田連阡陌止屬一甲者有之貧乏之里戶口蕭條米僅數石亦編一甲者有之富者自爲得計貧者偏累難堪康熙二十

四年十二月間奉有編審丁口之行又須里甲偏枯之慘署縣撤啓明通詳各　憲以一邑統計五千九十三石零之苗米二千二百餘之人丁就八里均匀每里編米六百三十餘石派丁二百八十餘丁增收少壯成丁豁除老邁故絕不虧原額有裨民生闔邑里民咸誦其德因將條陳編審利弊請示審撥批詳牘列于左

泉州府德化縣爲請定編審等事案蒙

本府信票蒙

布政使司憲牌案奉
巡撫部院憲牌准 戶部咨編審人丁造冊年終
具
題 院限閏四月內審竣繳 司核明于六月內彙
冊送
院查察具 題等因又爲里甲偏枯等事蒙
本府信票奉
總督部院王 令票速將今屆編審務要里甲公
平丁米調劑倘舊蹟可仍無事更張若積弊相沿

毖須易撒如有不法棍蠹人等藉稱黄册已停只審丁數其苗米任意抽提飛灑把持該管有司及里書甲長人等貪富室之賄有丁不報反搜括貧民將不應任役者充數幷通同包攬罕米存丁偏累貧民等弊或告發或訪聞定行嚴拿重處至審造丁册事竣倘有米多丁少米少丁多畸零不成畸甲不成甲者本部院察知定將各州縣印官飛章參處等因行府到縣蒙此該卑職案查編審一案于去歲十一月内奉行緣前任傳知縣丁艱赴延

未審卑職于五月二十二日署事凛奉　憲催自
揣代庖非材安能堪此重任柰　部限將届又何
敢延緩滋累隨經詳　神出示嚴革陋習矢公矢
慎驗察舊冊定期編審查德邑共隸城鄉八里一
里轄管十班賦役額載成丁二千二百五十九丁
民米五千九十三石遵照
憲行清出新丁開除老故每里應編成丁二百八
十餘丁倘有清出溢額者另行分派每里應撥民
米六百三十餘石每班應編成丁二十八丁應撥

民米六十三石零丁產相爲權衡賦役遂爲表裏
調劑均平方免偏枯詎現徵册載有成丁僅百餘
丁苗米僅四百餘石爲一里者有成丁四五百丁
苗米八九百石爲一里者有七八丁配米八九石
爲一班者有五六十丁配米三四百石爲一班者
有富戸米數十石只載册數丁者亦有無米貧戸
光丁存册者多寡懸殊長短逈異真　憲檄飭行
圖不成圖甲不成甲者也偏枯偏累何可勝言玆
查成丁不得隱漏以裕國課確察若故必豫除豁

以清若累除曾貫可仍糧戸無事覔張龍米數無幾冊載一丁情願守戸以及貧戸亢丁或間有不願開除者俱聽從民便照舊造冊外其餘則照依額數按里按班均勻但苗米衆多叢雜之中間有已值役未值役之分查前屆編撥方今五載十班之中五班輪過屯役五班未經輪役茲減長補短合無將已輪役五班之米多者即撥補已輪役五班之米少者將未輪役五班之米少者即于未輪役五班之米多者撥補自此豪富不能詭避差徭

貧弱獲免重受苦累但事出至公不無恩怨況米多應撥丁少應增多係富豪巨室米少應補丁多應減皆屬單寒下戶保無毀譽出乎愛憎臧否生于好惡與職委署微員識疎才短合無詳請憲奪應否照此均勻編審碩畫批示俾下吏奉以遵行依限即可造冊報竣庶公務不至遲悞里甲得免枯菀矣等情詳奉

分守興泉道帶管泉州府事冊　批申丁米里班各要均平毋使有偏枯之弊　院檄節次嚴飭

靡不如是該縣旣著　神乘公力行剔弊清編查其已役未役裒多益寡八里十班丁米一例派于均從有裨該縣惟是心以行原無私曲册庸計其恩怨也仰卽刻日齎造册速報繳蒙

布政使司　批如詳從公均編勿受賄囑縱有蒙猾挑法裁抑俾無偏枯之弊則輿情允愜何毀譽之足恤耶如有阻撓指名申究繳

詳均苗配丁請勒石文

泉州府德化縣爲明申偏枯等事案蒙

本府信票案

福建等處承宣布政使司憲牌奉

總督部院王　令牌到　司行　府仰縣令届編

審務要里甲公平丁米調劑備舊貫可仍無非更

張若積弊相沿急須易轍如有不法阢蠹人等藉

稱貴册已停只塞丁數其苗米任意抽提飛灑把

持有司及里書册長人等通同官宰挈米存丁等

弊察出重處等因到縣蒙此該卑職案查德邑册

甲偏枯相沿積弊牢不可破如在坊里四甲連損

戀苗米三百石有奇並梅上里六甲蘇鳳與九甲林光顯各二百石零爲一甲者如清泰里二甲黃勝與苗米一十石零並尤中里二甲丘鄭達米六石與四甲鄭徃朝米一石四斗爲一甲者多寡懸殊皆壤迴隔雖現在歸平里甲並無稍派倘遇輪偹有公務排年其苗多富厚之家得以從容趨事其苗寡單寒之戶預家不足甚至賣田鬻子女以完公務流離他鄉者有之輾轉溝壑者有之此皆里甲之不均致使傾累之無底耳職于本年五月

奉 憲委署篆入境內目擊小民枯菀不均深爲憫惻即欲條陳此弊礙于職微言輕不敢遽請茲幸蒙有丁米調劑里甲公平之令卑職懽忭深遵寔力奉行但慮富家巨室多懷怨尤好惡愛憎阻撓良法業將情形具文詳報隨蒙鈞批如詳從公均編勿受賄囑縱有豪猾執法裁抑俾無偏枯之弊則輿情允愜何毀譽之足恤耶如有阻撓指名申究繳蒙此仰遵 憲批隨將通縣苗米五千九十石零除寺租外照八里八十班通盤勻筭每班

約編米六十三石左右問或一二頭全戶不便拆散及無零戶可添者多寡上下亦不過一二石而已更前量已輸役未輸役甲外米石杜絕躲避偏累等弊矢公矢慎躬親擬定不假手吏胥現在里甲公平告樂適均編定册籍繕造申報及一面出示曉諭外竊恐里職將來無從觧任在甲甾多之家行足鑽營致令前功盡廢背弊復萌伏乞

憲臺為窮民作主申飭力行將均平米冊發下照徵併行縣勒石永著為例庶豪強役計莫施貧民

永保生全矣等情詳奉

布政司　批據詳均編米石務令里甲平勻俾無

偏累如有勢力阻撓指名申究如詳勒石永遵

行繳

田土

方祚隆曰德邑田地多在高山壑谷約田一畝計坵百餘而塍岸居十分之三幔迴笠蓋如梯如級自

本朝丈量之後民皆安土樂業其上中下之則例皆按冊而供惟正者矣志田土

唐制無可攷五代閩王延鈞遣官弓量田土定爲三等以膏腴者給僧道中下者給土著流寓由是膏腴田地盡入寺觀民間無復上等矣宋

因陳洪進納土詔均閩中賦額以土田高下定出產錢然承平既久荒墾互異而僑匿倚寄之弊生終宋之世因土高下變眩莫攄至元益多欺隱延祐中用廷臣議令民自實田不實者罪之沒其田亦未果行明初凡天下田地山林池塘海蕩等悉書其名數於籍其田之等有二曰官曰民若職田若學田若廢寺若沒官若官租皆係之官職田者唐制職官所分之田也學田者府縣以贍學校之田也廢寺田者寺觀廢而

田入官者也没官田者籍没之家入官者也又
有原没今没之别官租田者各稱没之田而募人
耕種者也其大畧盖如此
嘉靖元年官民田地等一千五十五頃一十七畝
嘉靖四十一年官民田地山竹林池塘九百八十
四頃七十一畝六分四釐四毫九絲六忽
隆慶六年官民田地山竹林池塘九百八十五頃
一十七畝五分五釐九毫八絲五忽
萬曆壬子年官民田地山竹林池塘九百八十七

頃一十四畝七分四釐九毫五絲八忽

萬曆十年奉　旨丈量緣本縣田地與大都阡陌不同多在高山塹谷約田一畝計有百餘坵而塍岸居十分之三四狀如梯級愚民不諳丈法又威令峻急弓手公正之役按步不論坵數舉田段四隅量作一箕中間墩岸溝藪通作定田又初發令失於定則二字方履步時並無上中下則字樣嗣後局中造冊乃以紙中形勢以意註上中下

字樣覩此稅書可覩矣其中浮糧幸賴以除去而隱匿虛增不均之害多矣夫法非不善行法者不善也刻之以日月守之以檄使籌不及徐籌智不及致詳用之者不得其人主之者不能獨立冊籍方成案已至部事體既定重於改更後至者雖知其失亦無如之何矣

天啓崇禎年間官民田地池山溪蕩塡一千三頃九十一畝四分二釐六毫五絲一忽六微

國朝康熙三年知縣何之旭奉文丈量隨着里役僉
報公正副丈長弓書筭手依司頒弓步自
班自丈照上中下則折實核筭查對總撒
相符原額無虧內
上則官民田二百頃一十二畝五分四釐三毫
中則官民田園池塘折實一則三百二頃七十
一畝九分七釐七毫五絲二忽
下則官民田地池山蕩折實一則五百一頃六
畝九分五毫九絲九忽六微

實在官民田地山蕩一千一三頃九十一畝四
分二釐六毫五絲一忽八微

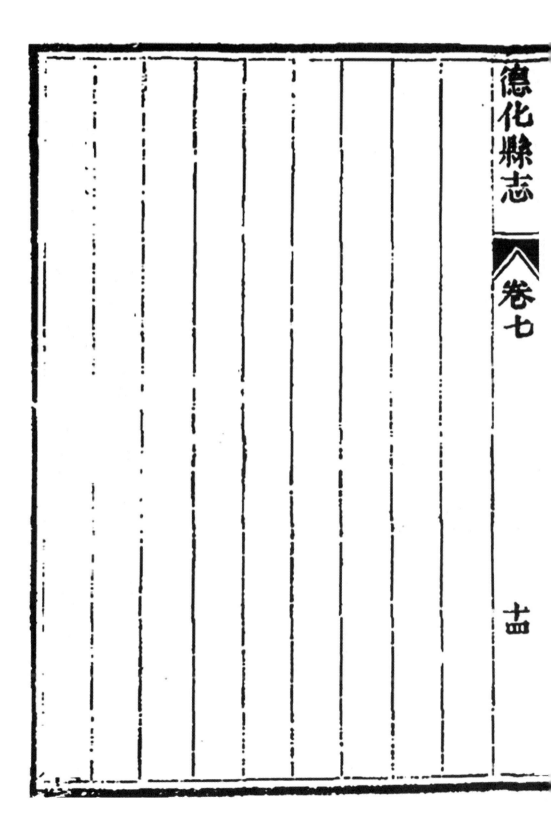

糧稅

范正幹曰邑止稻田候水而耕黍稷麥菽之類絕少間有兩收之田冬則乾之而內里一熟者貯水如池使資魚蝦之利而糧稅之額正供附徵民不堪命所幸蠲恤時頒民力稍紓近古以來未嘗有也志糧稅

順治十四年奉

旨諭其錢糧則例俱照萬曆年間刊造賦役頒發

原額人丁二千四十四丁康熙元年新增二百

一十五丁

共人丁二千二百五十九丁內

徵料塩丁二百八十二丁

每丁徵銀八分七釐五毫五忽五微四沙

共徵銀二十四兩六錢七分六釐五毫五絲

二忽一微二纖八沙

徵料鹽差丁一千九百七十七丁

每丁徵銀三錢一分一釐五毫五絲九忽

九微三纖二沙

共徵銀六百一十五兩九錢五分三釐九毫
八絲七忽五微四纖一沙
原額食鹽課二千四百二十六丁口康熙元年
新增五百九十口
共二千九百三十五丁口
每口徵銀一分八釐一毫五忽九微七纖
五沙
共徵銀五十三兩一錢四分一釐三絲八忽
六微六纖一沙

原額官民田地池山蕩一千三頃九十一畝四
分二釐六毫五絲一忽六微內
徵料折增田地六十三頃二十九畝三分九釐
三毫一絲八忽二微
每畝徵銀五分三釐一毫九絲六忽四微
七纖八沙八塵六渺九漠
共徵銀三百三十六兩七錢一釐四毫二絲
五忽六微九纖二沙
徵料折增差田地六百四十頃六十二畝三釐

三毫三絲三忽四微
每畝徵銀八分八釐二毫五絲三忽四微
二纖五沙五塵三埃四秒八漠
共徵銀八千三百一兩二錢九分六釐七毫
五絲四忽五微二纖四沙
以上人丁田畝共徵銀九千三百三十一兩七錢
六分九釐七毫五絲八忽五微四纖六沙
外附徵
爐稅充餉銀八十七兩

寺租充餉銀三十三兩六錢六分五釐

酒稅充餉銀三兩六錢遇閏年加徵銀三錢

原續增新墾陞科溢額丁米充餉銀五十九兩三錢六分八釐九毫五絲

以上共附徵充餉銀一百八十三兩六錢三分三釐九毫五絲

外削免額銀一百五兩七錢七分四釐七毫

又康熙二十三等年奉文辦解本色顏料勻貼顏料不敷正和項銀一十六兩八錢六分八

釐五毫五絲三忽五纖六沙七塵一埃三
秒五漠
康熙二十五年續奉文添解本色顏料各料內
膩硃五觔一十兩七錢　黑鉛三百四十
六觔一十兩六錢　黃熟銅一觔五兩六
錢五分　錫一十觔七兩三錢　五棓子
一觔一十兩四錢　烏梅一觔一兩三錢
九分　黃蠟一十二兩四錢　紫草九兩
九錢

共佔價銀一十三两六錢六分八釐六毫三絲七忽五微

以上丁口田地正襍餉新增顏料共額銀九千六百五十一两七錢一分五釐五毫九絲九忽一微二沙七塵一埃三秒五漠

經費

范正幹曰國雖小經費不能捐也然田賦止有此數有實存有支給者有裁扣解部者有昔裁而今復者悉達今甲奉節用愛人之訓庶不至仰屋而嗟也志經費

起運

戶部原編折色新增價脚鋪墊銀一千三百九十八兩四分六釐一毫九絲九忽三微九沙

本色顏料原編價脚鋪墊銀七兩七錢二分八
釐二毫二絲四纖
辦解本色顏料不敷銀一十六兩八錢六分八
釐五毫五絲三忽五纖六沙七塵一埃三
秒五漠
奉文加增顏料銀一十三兩六錢六分八釐六
毫三絲七忽五微
工部原編正價新增脚價銀一千一十七兩五
錢八分大釐一毫九絲一微八纖

存留

本省兵餉銀三千九百五十五兩九錢六分七
釐七毫八絲一忽九微三纖九沙

附徵樵項租稅并新增丁口充餉銀二百三十
九兩八錢三分五釐二毫七絲八忽九微
六沙

戶部新舊裁扣銀六百一十一兩二錢六分三
釐七毫二絲四忽二微

新裁充餉銀三百五十六兩九錢三分四釐四

毫九絲一忽三微三纖二沙

應裁解部留充本省充餉銀五百六十三兩六

錢七分七釐七毫八絲

地丁缺免銀一百五兩七錢七分四釐七毫

奉文裁役撥協司安縣湊給役食銀一百一十

一兩六錢

支應公用項下

解司

料剩抵修城銀一百三十四兩三錢五毫二絲

六忽三微三纖二沙（康熙十七年奉裁）

經費項下

撫院案衣家伙銀四兩五錢八分（順治十二年奉裁）

左布政使司蔬菜燭炭銀三兩六錢四分（順治十四年奉裁）

巡海道桌幃銀四兩四錢七分五釐（順治十二年奉裁）

分巡興泉道蔬菜燭炭銀一十八兩五錢一分（順治十四年奉裁）

更換桌幃銀六兩（順治十二年奉裁）

皂隸一名歲年工食銀七兩二錢順治十四年奉裁銀一兩二錢寔給銀六兩年帶徵銀二錢康熙六年全裁續于康熙十六年復設本道捐門奉文復給人于康熙十七年奉裁充餉至康熙二十一年奉文復給銀六兩年帶徵均閏銀二錢

本府推官燈夫二名每名工食銀七兩二錢共銀一十四兩四錢順治九年奉裁銀二兩四錢寔給銀一十二兩年帶徵閏銀四錢康熙六年奉裁

以上自撫院案衣起至推官燈夫止共銀五十八兩八錢五釐今宜照前後奉文裁扣銀五十

一二兩八錢五分，遇又帶徵匀閏銀四錢實存

支給銀六兩，仍又帶徵匀閏銀二錢

本縣知縣俸薪銀六十三兩四錢九分四 順治十四年奉裁銀一十八兩四錢九分，實給銀四十五兩；康熙十九年全裁充餉；康熙二十一年奉文復給

外匀閏銀一兩五錢 順治十六年奉裁

心紅紙張銀二十兩 康熙十七年奉裁

油燭銀一十兩 順治十四年奉裁

修理倉監銀二十兩 康熙十七年奉裁

迎送上司傘扇銀二十兩順治十二年奉裁銀八兩留給銀二兩編于順治十四年奉文全裁

書辦一十二名每名工食銀一十兩八錢順治九年會議每名只給銀五錢共裁銀五十七兩六錢寔給銀七十二兩年帶徵勻閏銀二兩四錢康熙元年奉文全裁

門子二名每名工食銀七兩二錢順治九年每名奉裁銀一兩二錢共裁銀二兩四錢寔給銀一十二兩年帶徵勻閏銀四錢康熙十六年全裁充餉康熙二十二年奉文復給

皂隸一十六名每名工食銀七兩二錢順治九年每名

奉裁銀一兩二錢共裁銀一十九兩二錢寔給銀九十六兩年分徵勻閏銀三兩二錢康熙十七年全裁充餉康熙二十二年奉文復給

馬快八名每名工食草料銀一十八兩順治九年奉文除草料銀一十兩八錢不扣外每名裁銀一兩二錢共裁銀九兩六錢寔給銀一百三十四兩四錢年帶徵銀四兩四錢八分康熙十七年奉裁充餉康熙二十二年奉文復給

燈夫四名每名工食銀七兩二錢順治九年每名奉裁銀一兩二錢共裁銀四兩八錢寔給銀二十四兩年帶徵勻閏銀八錢康熙十七年奉裁充餉康熙二十二年奉文復給

禁卒八名每名工食銀七兩二錢順治九年每名奉裁銀一
兩一錢共裁銀九兩六錢寔給銀四十八
兩年帶徵銀一兩六錢康熙十七年奉裁
充餉康熙二十
二年奉文復給

轎傘扇夫七名每名工食銀七兩二錢順治九年每名
奉裁銀一兩二錢其裁銀八兩四錢寔給
銀四十二兩年帶徵匀閏銀一兩四錢康
熙十七年奉裁充餉康
熙二十二年奉文復給

庫書一名年工食銀一十二兩順治九年奉裁銀六兩寔給銀
六兩年帶徵匀閏銀二錢康熙元
年奉文全裁

倉書一名年工食銀一十二兩順治九年奉裁銀六兩寔給銀

六兩年帶徵勻閏銀二錢康熙元年奉文全裁

庫子四名每名工食銀七兩二錢順治九年每名奉裁銀一兩二錢共裁銀四兩八錢寔給銀二十四兩年帶徵勻閏銀八錢康熙十七年奉裁文仍康熙二十二年奉文復給

斗級四名每名工食銀七兩二錢順治九年每名裁銀一兩二錢共裁銀四兩八錢寔給銀二十四兩年帶徵銀八錢康熙十七年奉裁充餉康熙二十二年奉文復給

民壯五十名每名工食銀七兩二錢順治九年每名共裁銀一兩二錢共裁銀六十兩寔給銀三百兩年帶徵勻閏銀一十兩康熙十七年奉裁

充餉康熙一十二年奉文復給

本縣典史俸薪銀三十一兩五錢二分康熙十七年奉裁充餉康熙二十一年奉文復給

外勻學銀一兩五分六毫六絲六忽四微順治十六年奉裁

書手一名每年工食銀七兩二錢順治九年奉裁銀一兩二錢寔給銀六兩年額徵銀六兩銀二錢□□□元年奉文全裁

門子一名每年工食銀七兩二錢順治九年奉裁銀一兩二錢寔給銀六兩年額徵銀六兩二錢康熙十七年奉裁充餉康熙二十一年奉文復給

皂隸四名每名工食銀七兩二錢順治九年每名裁銀一兩二錢其裁銀四兩八錢寔給銀二十四兩年帶徵匀閏銀八錢康熙十七年奉裁充餉康熙二十二年奉文復給

馬夫一名每年工食銀七兩二錢順治九年奉裁銀一兩二錢寔給銀六兩年帶徵匀閏銀二錢康熙十七年奉裁充餉康熙廿二年奉文復給

本縣儒學教諭俸薪銀三十一兩五錢二分外匀閏銀一兩五分六毫六絲六忽四微康熙四年奉裁教諭俸薪全裁續于康熙　年復設教諭一員

訓導俸薪銀三十一兩五錢二分康熙十七年奉裁銀一十

五兩七錢六分存留給銀一十五兩七錢六
分康熙二十一年奉文全給兩員合俸分支
外勻閏銀一兩五分六毫六絲六忽四微順治十六
年奉
裁
齋夫六名每名工食銀一十二兩共銀七十二
兩順治九年每名裁銀六兩共裁銀三十
六兩康熙四年裁三名銀一十八兩年
帶徵勻閏銀六錢寔給銀一十八兩年帶
徵勻閏銀六錢康熙十七年奉裁充餉康
熙二十二年
奉文復給
門子五名每名工食銀七兩二錢順治九年每
名裁銀一兩
二錢共裁銀六兩康熙四年共裁三名銀一
十八兩年帶徵勻閏銀六錢寔給銀一十

二兩年帶徵匀閏銀四錢康熙十七年奉
裁充餉康熙二十二年奉文復給

膳夫二名每名工食銀二十兩順治十四年每
名奉裁三分之
二銀一十二兩三錢三分三釐三毫三絲
五忽共裁銀二十六兩六錢六分六釐六
毫七絲寔給銀一十三兩三錢三分三釐
三毫三絲四忽支給康熙十七年奉裁充
餉康熙二十二
年奉文復給

學書一名每年工食銀七兩二錢順治九年奉
裁銀一兩二
錢寔給銀六兩年帶徵匀閏銀
二錢康熙元年奉裁充餉

教官二員每員喂馬草料銀一十二兩共銀二
十四兩年帶徵匀閏銀八錢康熙四年奉
裁一員銀一

十二兩六錢柴薪匀閏銀四錢六分康熙十七年奉文全裁銀十二兩年帶徵匀閏銀四錢

以上自本縣俸銀起至教官喂馬草料止共銀一千四百二十九兩二錢五分又帶徵匀閏銀三十五兩五錢三分一釐九毫九絲九忽二微內除一照前後奉文裁扣除奏復外實裁銀五百三十七兩四錢七分六釐六毫七絲又裁帶徵匀閏銀九兩八錢五分一釐九毫九絲九忽二微實存支給并節次奉復銀八百九十一兩七錢七分二釐

三毫三絲年帶徵勻閏銀二十五兩六錢八分

驛站項下

原派闔縣支給夫廩銀三十五兩五錢二分年帶徵勻閏銀二兩一錢八分四釐康熙十七年奉裁支餉

支發項下

按院按臨考校生員試卷茶餅銀七兩三錢六分順治十四年奉裁銀二兩六錢八分留給銀一兩六錢八分康熙五年奉文全

裁

布政司進　表長夫銀六兩順治十四年奉裁銀三兩留給銀三
兩康熙十七年全裁銀一兩
五錢留給銀一兩五錢

進貢宴賞銀九錢五分康熙十七年奉裁康熙
二十二年奉文全復

提學道歲考生員試卷茶餅併賞花紅銀一十
九兩三錢順治十四年奉裁銀九兩六錢
五分留給銀九兩六錢五分康
熙十七
年全裁

本府拜進　表箋合用紙張綾袱銀一兩五錢
三分二釐八毫順治十四年奉裁銀七錢
六分六釐四毫留給銀七

錢六分六釐一兩毫康熙十七年奉裁銀三錢八分三釐二毫留給銀三錢八分三釐二毫

本縣廩生二十名每名廩糧銀八兩四錢共銀一百六十八兩順治十四年奉裁三分之二銀五兩六錢共銀一百一十二兩每名寔給銀二兩八錢共銀五十六兩年裁徵勻閏銀一兩八錢六分六釐六毫六絲六忽康熙十一年奉裁康熙二十四年奉復三分之一銀五十六兩年帶徵勻閏銀一兩八錢六分六釐六毫六絲六忽

聖廟香燈銀二兩五錢二分康熙十七年奉裁銀一兩二錢六分留給銀一兩二錢六分于康熙十九年奉文全復

士夫歸宴行以賓禮幣用祭銀八兩一錢五分七釐順治十四年全裁

新官到任祭品銀四錢四分五釐一毫康熙十七年全裁

春秋二祭

啓聖公文廟山川社稷邑厲等壇祠并祭旗纛銀一百六兩四錢五分康熙十七年裁銀五十三兩二錢二分五釐留給銀五十三兩二錢二分五釐于康熙十九年奉文全復

鄉飲二次銀五兩順治十四年奉裁銀二兩五錢留給銀二兩五錢康熙十七年奉文全裁于康熙二十二年復奉留給銀二兩五錢

鞭春春牛芒神紙秋春宴香燭銀二兩五錢康熙十七年奉裁

桃符門神花燈銀八錢順治十四年奉裁

祈晴禱雨香燭銀六錢康熙十七年奉裁康熙二十四年全復

季考試卷茶餅筆紙銀四兩七錢康熙十七年奉裁

正陪貢生員征送盤纏銀六兩康熙十七年奉裁于康熙二十一年奉文全復

考試生儒進學花紅綵旗銀二兩三錢一分二釐康熙十七年奉裁

胥解軍黃二冊加增絲銀三兩五錢康熙十七年奉裁

孤貧口糧銀三十六兩又夏冬衣布銀四兩九錢五分康熙十七年奉裁銀二十兩四錢七分五釐實給銀二十兩四錢七分五釐于康熙十九年奉文全復

囚犯口糧銀六兩康熙十七年奉裁于康熙十九年奉文全復

本縣造報朝覲須知憲綱錢糧民情各項冊籍銀五兩順治十四年奉裁三分之二銀三兩三錢三分實給銀一兩六錢七分康熙十七年奉文全裁

兩院助給貢生路費銀三兩康熙十七年奉裁于康熙二十一年

（奉文全復）

山川社稷邑厲壇夫共一名銀一兩二錢（康熙十七年奉裁丁康熙二十二年奉文全復）

縣前高洋二舖司兵各三名共六名每名工食銀三兩二錢三分三釐三毫三絲三忽三微共銀一十九兩年帶徵勻閏銀六錢六分六釐六毫六絲六忽六微四纖（康熙十七年奉裁銀一十兩三錢三分三釐三毫三絲三忽三微二纖給銀一十兩三錢三分三釐三毫三絲三忽三微二纖康熙二十二年奉文全復）

縣學歲貢生員往京盤纏旗扁年徵銀三十一兩康熙十七年奉裁于康熙二十一年復奉文給至二十六年奉文歲貢生員停止赴京盤纏銀兩解府轉解

大比年應試生員併謄錄生盤纏年徵銀一十四兩三錢三分三釐三毫三絲順治十五年奉裁銀七兩一錢六分六釐六毫六絲五忽康熙十七年奉文全裁

新科舉人花幣旗扁年徵銀二兩六錢六分六釐六毫七絲康熙十七年奉裁于康熙二十一年奉文全復

舊科舉人盤纏酒席年徵銀三十兩五錢康熙十七

年奉裁丁康熙二十一年奉文全復

武舉人盤纏年徵銀一十四両三錢五分七釐五毫康熙十七年奉裁于康熙二十一年奉文全復

以上自按院考校起至武舉人盤纏止支發共銀五百二十五両一錢三分四釐四毫內除前後奉復外共裁銀一百八十八両五錢五分七釐三絲實存支給銀三百二十六両五錢七分七釐三毫七絲又帶徵匀閏銀二両五錢三分三釐三毫三絲二忽六

徵四鐵

應裁解部留充本省兵餉款項

本縣脩毛銀二十兩順治十八年奏裁

各衙門僱募聽撥門皂給荅應上司過往使客

工食銀六兩

陞遷應朝祭江併回任祭門銀三錢四分

公宴銀一錢六分大釐七毫

脩置祭祀鄉飲救護合用家伙銀八兩

鄉飲二次銀二兩五錢

糧餉道公費銀一二兩五錢
總兵府油燭柴炭椽吏廩給等銀三兩七錢九
分三毫三絲五忽
按察司修理家伙鋪墊銀一十兩七錢
進表隨從家伙與各道併各首領官合用紙
劄工食銀五兩
上司巡歷及往來經過合用心紅紙張下程等
項銀四兩
布按分司府縣學衙門修理併家伙鋪墊等項銀五

兩

往來使客下程等銀六兩五錢三分四釐九毫

士夫歸宴行餞禮幣[illegible]祭銀一十[illegible]九錢

查盤官合用心紅紙張下程[illegible]米銀三兩

一錢七分

站項下銀四百七十五兩四錢七分五釐八毫

四絲五忽

共銀五百六十三兩六錢七分七釐七毫八

絲于順治八年全裁充餉

以上節年奉裁銀二千八百三十六兩三錢九分七毫六忽三微三纖二沙又帶徵匀閏銀三十九兩六錢四分九釐三毫三絲一忽八微四纖內除前後奉復外

實裁銀一千六百一十二兩四分六忽三微三纖二沙又帶徵匀閏銀一十一兩二錢三分五釐九毫九絲九忽二微

奉復銀一千二百三十四兩三錢五分七毫又帶徵匀閏銀二十八兩四錢一分三釐三

毫三絲二忽六微四纖

德化縣志卷之八

徭役

范正辭曰東南民力竭矣里甲之役可久也而綱銀之雜費宜節總甲之設宜因也而排門之宂喚宜蠲今山海寧謐無事追呼則與民休息是謀仕宦我悼人者矣志徭役

昔者蘇軾嘗言差役僱役各有利害擇其利多害少者行之庶有濟乎且中文言秦晉利差役吳蜀利僱役因民之所利而利之不亦可乎是

故司馬公專言差役其見未必盡是也王荆公特立僱役其法不必盡變也斟酌其宜當而行斯善矣明初設法不專于差不專于僱其於使民之制有正役有雜役里甲謂之正役均徭驛站謂之雜役目有條鞭之法而徭驛悉入正供之內遂簡便無事惟里甲之役綱銀雜入條鞭而役之煩費日甚又如總甲之役其初原以督察非常而後以之繁應公務二者變故既多利害轉甚故詳列之以俟觀者思飭乃解懸之法

里甲之役里爲十甲甲以一戶丁力相應者爲
之長統甲首十戶歲輪一甲現役專掌徵催錢
糧勾攝公事及出辦上供物料徵之八
分總屬徵催錢糧項下十甲役週大造黃冊則
輪發書手一人貼書二人此外皆非其事此前
朝祖制也不知從自何年乃以里甲支應官府
諸費此綱銀之名所由來矣其議始自正德十
五年御史沈灼議通縣費用分正雜二綱以丁
四糧六法則通縣科派嘉靖十六年御史李元

陽再議徵銀備庫用度各有定則但額外費多
支應不給令里長貼辦稱爲班次又爲雜派名
色猥瑣或借辦總戶而全不償價或給半價者
有之較其一年之費已倍於二綱之數民告病
焉後至雜供私饋無名百出不容刻緩有一票
白索數十金一民日費數十金加以吏皂抑勒
里長動至破産四十四年撫按兩院始議各縣
除正雜之名只稱綱銀以一年應用通計實數
只據現年丁糧多寡每丁石徵銀若干審定規

則先一月徵收在官以應後月支用令刪尋套
筴諸縣各有定額丁糧經費咸適相當然綱銀
屬稽查而雜私有窒礙故綱外供饋煩瑣侈靡
尚如故也迨都御史龐尚鵬奏行條鞭之法通
府州縣夏稅秋糧存留起運綱徭機站通融均
派條貫而輸之則民供其入官司其出奸徒不
得勒索著爲令甲
國朝因其制民甚便之
總甲之設原量地里人居遠近在城設爲若干

舖每舖立總甲一人小甲一人專覺察緊急非常之事鄉村亦然其後地方警急非常官府不以督責總甲不以爲事官府只令管夫總甲只事起夫各舖各行排門之夫佐貳首領學官巡捕官雜票沉瞋府縣房科私擅妄取至于鄉官進士舉人牌坊原估各有夫價亂延歲月取舖夫與之加之總甲受財賣免地方之害奚啻牛毛後惟晉江縣知縣羅名士設法省便民甚德之各縣師其法但覺察警急非常之事乃其本

設總甲之意明未嘗更加申飭也德化僻處大
役亦省其應役者名曰地方里分爲社社設地
方一人社分爲甲甲設小甲一人雖至明季地
方之害尚未極甚
國朝以來征海氛興多故供應既繁里長背期不勝
其苦於是移之於杜貧民不堪流離者接踵矣
今海氛告平民甦撫恩爲民牧者其加意綏輯
可也

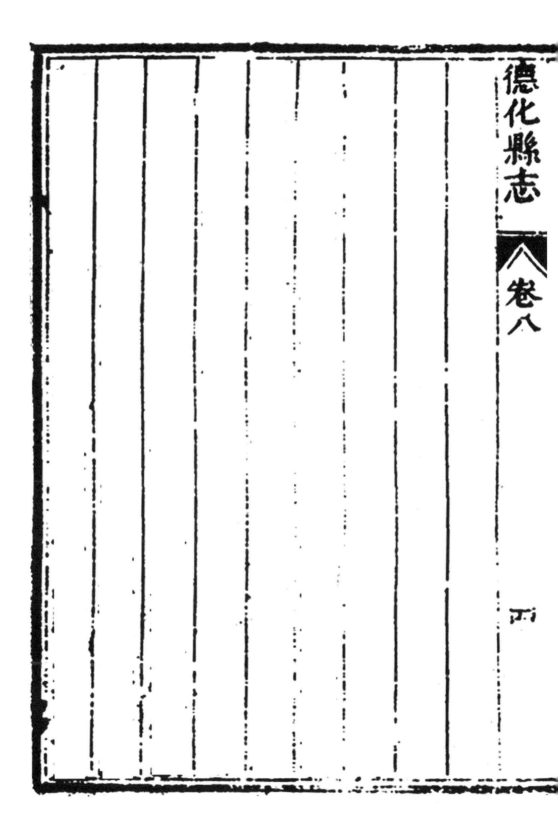

屯田

范正輅曰稽昔泉衛之屯坐于德邑者多于六縣居本邑民田之半民賴屯以耕軍賴民以佃兩相需兩相安也自豪家頂兌之後不惟病軍而且病民幸折色歸徵于縣而軍民始稍息肩焉不有智者何以善其後志屯田

唐宋元無考明興既籍民為軍慮民不足以供之於是屯田之議起初命諸將分屯龍江等處大率衛所軍士以三分守城七分屯種又有二

八四六中半等例泉郡屯種軍士大約以四六爲率當時有紅牌事例課督賞罰咸有等則其法每軍給田三十畝歲輸正糧一十二石餘糧一十二石正糧給本軍月糧餘糧給守城軍士正統初正糧不徵聽其自給餘糧只徵六石每屯計田三十三頃六十畝餘糧六百七十二石但田在叢山之中軍士皆非土著故水土異宜病死逃移田多荒蕪且撥田之初厥報不審有田一頃重報兩三頃者兩三軍共爭一田者有舉

細肥磽苟求其數半係荒蕪者有一田分報軍民時移世變民隱其田而爭於軍者雖云每軍受田三十畝虛實相半軍士苦於枵腹因之逃亡沙尤之亂屯軍取回防守其田遂荒或因而沒于民屯田之數視前益減成化遣官清理始除其虛數稽其實在分配裨補務勻糧額遂有正種貼種朋種幫搭種等名目率三四五軍而併一軍由是額減於舊每屯之田多不過四十名少止二十名弘治遣官倪給事中欲得原額

多侵民田幾至激變姑於復命乃將成化稽實配補之田分抽一半別作新增兩徵其祖軍士大困至饒御史始令停徵後屠御史奏請開豁然各屯軍士田無所入有賠輸者有僅輸者終不能如國初屯軍得糧自贍矣乃知祖宗成法不容輕變也嘉靖以來督屯鄭僉事又將屯田聽人請佃各召民種而屯法益壞矣盖其始也田無的額適以病軍其後也軍士逃亡而貼種之丁起又其後也貼軍亦亡遂頂充於豪家而

屯田之存者無幾矣泉衛之屯坐於德邑者多
于六縣居本邑民田之半民賴佃屯以耕軍亦
賴民之佃兩便相安自豪家頂兑而豪幹收租
日增其額倍索之外又有横派拂意則訐之于
府提審一人則一家廢業民多受其害是豪家
之頂兑不惟病軍而且病民此屯田始末變遷
之大較也其徵法明則徵於指揮而折色亦徵
於縣

國朝乃設衛守備與千總以掌之每歲下縣如很數

年不勝其擾頂宅之豪益因之以肆害而軍之逃匿者着佃代納旗甲一役則歲費數千金坐此傾家而流移者比年滿路幸歸縣之制立于是軍民始稍息肩前所拋荒悉得名墾亦一時之快也然而前代立法美意則不可問矣邇來惡甲猶有倚藉府軍魚肉縣佃或一詞而故累多人或一告而淹延歲月以施故智是在留心民瘼者勿為所惑真斯民之幸矣

屯田舊額註定每軍授田八十畝有奇歲納糧

六石折銀三兩一錢八分後奉丈量合邑糧額
缺少本縣申將屯田只用五十畝納本色四十
畝納折色照舊徵銀

計屯田三十一所

磐徑屯　石傑屯　溪口屯　后山屯
張乾屯　高洋屯　路尾屯　蓋坂屯
壅溪屯　石巖屯　南昆屯　益竹屯
三漈屯　九漈屯　蘇洋屯　十二翰屯
後坪屯　前埔屯　山寨屯　東際屯

朱紫屯　鄭地屯　樵溪屯　慶樂屯
溪頭屯　硯坑屯　法林屯　黃坂前屯
湯頭屯　葛坂屯　黃村屯
屯軍計九百八十六户
附徵泉州衛原額屯田地六百六十三頃三十
　三畝四分二釐五毫一絲四忽內
本色田二百五十八頃八十九畝三分七釐六
　毫五忽
共徵本色上倉米三千一百六石七斗二升

五合一勺二抄六撮

折色折價屯田地四百四頃四十四畝四釐九毫九忽

該徵米四千七百六十六石七斗七升六合四勺五抄六撮

每石原編折色銀三錢四分四毫二絲七微五纖一沙七埃

共徵銀一千六百二十二兩七錢九釐六毫二絲一忽三微三纖二沙五塵

康熙元年原報荒蕪田二十七頃二十七畝一
分五釐三毫七絲內
本色屯田地一十頃六十一畝七分四釐四毫
一絲七忽
共無徵本色上倉米一百二十七石四斗九
合三勺
折色折價屯田地一十六頃六十五畝四分九
毫五絲三忽
共無徵米一百三十五石九斗八升六勺六

撮
每石無徵銀三錢六分四釐九毫九絲九
忽七微七纖六塵二埃
共無徵銀四十九两六錢三分二釐八毫九
絲九忽三微
康熙二一年墾復田四頃七十一畝二一分四釐一
毫内
一則折色田八十七畝一分九釐五毫三絲二
忽五微

該徵米一十七石四斗三升九合六抄五撮
每石徵折色銀二錢五分七釐
共徵銀四兩四錢八分一釐八毫三絲九忽
七微
一則折色田三十四畝六釐五毫六絲七忽五
微
該徵米四石八升七合八勺八抄一撮
每石徵折色銀二錢五分七釐
共徵銀一兩五分五毫八絲五忽三微

一則本色田三頃四十九畝九分八釐
該徵本色米四十一石九斗九升七合六勺
康熙十年知縣和鹽鼎招徠墾復田二十一頃
五十八畝二釐七絲內
一則折色田一頃七十五畝五分二釐八毫五
絲三忽二微
該徵米二十一石六升三合四勺二抄四撮
每石徵折色銀六錢三分五釐
共徵銀一十三两三錢七分五釐二毫七絲

四忽三微

一則折色田四十六畝八分七毫六絲八微

該徵米一石一斗七升一勺九抄

每石徵折色銀六錢三分五釐

共徵銀七錢四分三釐七絲七微

一則折色田六頃七十三畝四分三釐二忽

該徵米八十石八斗一升一合六勺二撮四圭

每石徵折色銀三錢二分五釐一毫一絲

四忽九微九纖七沙

共徵銀二十六兩二錢七分三釐六絲四忽

一則折色田一頃九十三畝四分三釐七毫五

絲四忽

該徵米四石八斗三升五合九勺三抄八撮六

圭

每石徵折色銀三錢二分五釐一毫一絲

四忽九微九纖七沙

共徵銀一兩五錢七分二釐二毫三絲六忽

一則本色田六頃一十七畝八分二毫八絲九

忽五微
該徵本色上倉米七十四石一斗三升六合三
勺四抄七撮
一則本色田四頃五十一畝一釐四毫一絲五
微
該徵本色上倉米一十一石二斗七升五合三
勺五抄三撮
尚荒田九十七畝八分九釐二毫軍亡田迷無
從查墾

無徵米六石五斗七升二合五勺五撮
無徵銀二两一錢三分六釐八毫二絲九忽
三微
實在屯田六百六十二頃三十五畝五分三釐
三毫一絲四忽
實徵本色上倉米三千一百六石七斗二升五
合一勺二抄六撮內
在縣徵收旗甲屯戶額米一千八十石五斗一
升九合七勺定例三限解完本縣起具批

文押各屯戶赴府倉交納獲批附卷

在府旗甲屯戶額米二千二十六石二斗五合

四勺二抄六撮例于開徵之際本縣頒示

曉諭各屯戶照額完輸就府交納仍詳明

本府委員在府候收俟驗照到縣完日彙具

批文繳府判發附卷

實徵折色折價銀一千六百二十两五錢七分

二釐八毫一忽三微三纖二沙五塵

又康熙四年清丈溢出田八畝四分三釐

共徵銀八錢九分三釐五毫八絲

又新編本折屯丁九百八十一丁係康熙十七年奉文編審

共徵銀二百九十七两一錢二分八釐二毫五忽三微四纖二沙

以上實徵折色銀一千九百一十八两五錢九分四釐五毫八絲六忽六微七纖四沙五塵

內

額徵屯折地丁銀七百二十五两四錢六分三毫九絲二微九纖九沙

裁官裁扣銀五十五两六分五釐九毫九絲七忽二微五纖六沙

新裁交應銀七百九十八两八分二釐七毫六絲八忽七微七纖七沙五塵

墾復起科銀四十一两九錢六分三釐六毫四絲五忽

丈溢銀八錢九分三釐五毫八絲

新編帀丁銀二百九十七两一錢二分八釐二毫五忽三微四纖二沙

終

德化縣志卷之九

官師

范正幹曰地僻民疲宰斯邑者難已自陳僕射而下或利民社或功學較大都愛克厥威催科而兼撫字者最焉惜宋元以闕畧遺憾傳稽編簡間得卓魯其人者補之佐治寥寥如余古之興去思者誰歟至于文翁翼之模範多士者亦間有傳人志官師

官制

唐分天下州爲上中下三等縣爲赤畿望緊上中下
七等
宋以州居府之下軍監之上建隆元年除赤畿外有
望緊上中下
元至正二十年定十萬戸之上者爲上路十萬戸之
下者爲下路當衝要者雖不及十萬戸亦爲上
路江淮以南三萬戸之上者爲上縣一萬戸之
上者爲中縣一萬戸之下者爲下縣其官員數
多寡品秩高下皆殺以差泉州總管府爲上路

德化爲中縣達魯花赤一員縣尹一員主簿一
員尉一員儒學教諭一員
明分天下爲司府州縣縣不滿二十里者省丞簿三
年八覲裁省州縣惟以府首領官行洪武初設
知縣一員縣丞一員主簿一員典史一員永樂
間裁縣丞主簿只設知縣一員典史一員吏戶
禮其司吏一名兵刑工其司吏一名六房典吏
各一名承發科典吏一名舖長司吏一名儒學
設教諭一員訓導一員廩膳生員二十名增廣

生員二十名附學生員無定額司吏一名後闕巡檢司設巡檢一員後裁司吏一名後裁陰陽學訓術一員醫學訓科一員久闕僧會司僧會一員久闕道會司道會一員久闕

國朝因明制設知縣一員典史一員教諭一員康熙四年裁教諭康熙十七年奉文復設訓導一員

秩官題名表

知縣	主簿	縣尉
劉文敏 建隆元年任		陳靖 到任年月未詳
吳仁辨 開寶五年任		李讚見官蹟志
王愈 天聖元年任		
趙稱 天聖元年任	宋譚 兼尉天聖七年任	
陳從歷 天聖八年任		
李檢 明道二年任	蔡環 兼尉天聖七年任	
黃驌 景祐三年任		杜公 景祐四年任

李思剛　嘉祐四年任
鮑安上　寶元二年任
李崇用　慶曆中任
温宗質　皇祐六年任
劉　誠　皇祐五年任
吳知章　至和三年任
常宗仁　嘉祐三年任
鮑朝儒　嘉祐五年任
吳伸謨　嘉祐七年任

張　翔治平元年任

陳居平熙寧元年任

徐伯琥熙寧四年任

楊處愿熙寧七年任

吳居倚熙寧十年任

蕭　誇

江　同元豐三年任

李處道元豐四年任

李　顗元豐七年任

祖謹脩 元祐三年任

周　純 元祐年任

陸叔岡 紹聖三年任

方安道 元符三年任

林天若 元符三年任

王　惆 崇寧元年任

吕　深 崇寧五年任

曹三錫 崇寧年任

吳　銓 崇寧五年任

陳廸簡 建中靖國元年任

高締之 元祐年任

徐　膺 建中靖國元年任

陳與京大觀五年任
王交政和元年任
蔡譽政和四年任
劉陞政和四年任
劉正宣和三年任
陳熊宣和七年任
胡宇建炎三年任
柯君拔建炎四年任
高頎紹興四年任
曾賁紹興年任
馬陞紹興七年任
段彥質紹興十年任

吳崇年 紹興十三年任
葉琰 紹興十八年任
林及 紹興二十年任
李則 紹興二十一年任
楊烝 紹興二十五年任
蔣顗 紹興二十年任

胡義聞 紹興二十一年任
馬文仲 隆興元年任

上官敦實 紹興二十一年任
郭桂 隆興元年任

李嵩 紹興三十一年任
趙不琢 乾道元年任
陳彭夫 乾道二年任
陸浚 乾道六年任
謝之仁 乾道九年任
陳皐 淳熙元年任
林叔度 淳熙三年任
劉隆 淳熙五年任

李獻紹 乾道七年任
趙師霑 淳熙二年任
鄭煇 淳熙三年任
陳元通 淳熙五年任
黃展

顏敏德淳熙七年任　柯謙宗　陳　登淳熙三年任

鄭旦之淳熙十一年任　蕭　駱　方壽曾淳熙間任

梁　京淳熙十四年任　陳　玉　黃　鐘

李元才紹熙元年任　林　尉　畱　儀

吳汝舟紹熙四年任　舒德彰　黃　麟

趙彥達紹熙五年任　葉　奠　黃　儼

林　寅慶元三年任　盧　琳　張致中

葉　益慶元六年任　沈　焯　陳光祖

趙彥謙嘉泰甲子年任　蔡朝端

江應
李大器
李端誼嘉定六年任
林季孫
陳槩
卓然
洙應龍
楊震孫
謝適

薛復之嘉定五年任
林伯順
林子貴
林彥章
林洙寶慶元年任
麥國用
楊冲

趙公錢
趙汝壆
趙師徵
丘聞
鄭勳
鄭瀛
李脩嘉定癸酉年任
曾夢傳嘉定甲戌年任

趙汝瑜
林倚
黃之望
葉彥棪
胡應梅
趙宗儓
黃忠叟淳祐四年任
康淵淳祐六年任
吳一鳴

趙汝彰
黃伯龢
王夢有
趙粹卿
柳德驥嘉熙四年任

吳利見
阮享謙
周武孫
黃萬
潘逵
趙崇傷寶慶元年任
王震紹定庚寅年任
趙彥詠
趙押夫

朱珪

陳子昂淳祐年任

孫應鳳淳祐年任

按甲辰舊志宋紹興十九年令林及記劉文敏以下四十四人今查只有四十二人於府志搜得楊處愿吳居倚蕭謗三名淳熙九年令吳一鳴記林及以下三十八人具在於府志中又搜陳彭夫一名俱補入共八十四名

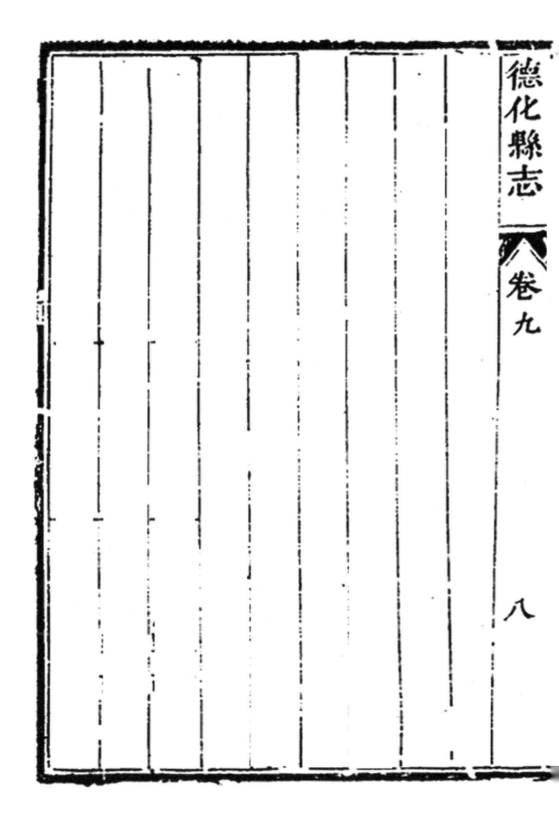

元職官題名表

達魯花赤	縣尹	主簿	縣尉
合只 至元年任			
千奴		黃鑑	
八札	張世英 寶元三年任	朱彰	夏晬
回回			王祐
阿里思蘭 至元五年任			李知本
哈法兒沙 至元元	翟彬 至元三十	李德 至元	王艮實 二

六年任	三年任	二十三年任	
萬家奴 至元八年任	劉嘉嘉	鄭宜 將仕郎	余伯顏
烏馬兒		潘麟趾	王佐
底任 至元三年任	王覩	朱箕 大德六年任	張安仁
僧家奴	沈思溫	沙的	李于艮
亦不剌金 延祐年任	王茂	胡汝祥	

伯顏

撒都魯丁

阿散 泰定年任

拾出 天曆年任

迭里迭失

阿里思蘭 後至元年任

哨法兒沙 後至元年任

徐昨孫

鄭世英

朱沂

此二名縣志在前至元府志在後至元並有

忙古歹至正年任　雷杭

剌馬丹　李宗仁

元題名舊志與府志名有無叅錯今供搜補疑者兩存之

明職官題名表

知縣	縣丞	主簿	典史
王巽 洪武六年任有傳			
王貞 洪武九年任有傳	秦伏輕		
劉德善 洪武十九年任	劉宗	戴景宗	
石德讓 洪武二十	王川名		

年任

馮賢 洪武二十六年任 傳
佘表 有傳
古彥輝 有傳

應履平 洪武二十五年任 傳
熊禮淵

孫應辰 永樂三年任
周轍
表禮

李勉 永樂七年任

以後丞簿俱裁減

劉諧 永樂十一年任

孔宗嗣 永樂十七年任

何復 宣德元年任有傳

陳宗全 宣德十年任

陳昱

李青 天順元年任

陳盛威

梁應堅

李昌

張巖

王志安

方祖

王彤 成化元年任

曾昌 成化四年任

丘恭 成化年任

蕭鏞 成化十六年任

戴元脩 成化年任

許彧 弘治元年任

鄭浩 弘治三年任

王冀 弘治四年任

黎獻 弘治四年任

李貴

李信

湯淳

呂信

李勝

陳寧

費璟

張岩

劉諤

楊澄 弘治九年任	趙信
任順 弘治十七年任	林文
胡潛 弘治十七年任	趙泰
王祐 正德二年任	鄧通
倫彝 正德四年任	鍾道
周寀 正德九年任	張卓
張紱 正德十年任	塗璽
時行 正德十四年任	蘇闕名
胡吳章 正德　年任	

梅　春　嘉靖二年任

何士鳳　嘉靖五年任

許　仁　嘉靖七年任浙江仁和人後調崇去同安建名宦鄉賢祠築射圃置學租多善政始毀淫祠爲社學

劉　裳　嘉靖十年任

劉　晃　嘉靖十二年任

何　腆　嘉靖十四年任

熊　堯　嘉靖十八年任

譚文釆　嘉靖二十三年任選貢

鍾　錦

萬元達

詹　權

葉　範

郭文英

周　森

蔣世遇

周　熹

緒東山　嘉靖二十六年任舉人

胡惟立　嘉靖三十二年任舉人病故祀名宦

黃　釜　嘉靖三十三年任舉人

鄧景武　嘉靖三十六年任選貢補傳

張大綱　嘉靖三十八年任舉人有傳

何　謙　嘉靖四十三年任舉人陞通判

黃　經　隆慶二年任

秦　霖　萬曆元年任舉人

曹汝褒　萬曆四年任舉人

芮　濟

關一德

王　綵

胡文章

梁用賢

鄧輔明

楊　訪

方一義

樵廷滂

黃承纘 萬曆九年任 丁丑進士
鄭同寅 萬曆十年任 舉人
周 洵 萬曆十二年任 貢士
施 汀 萬曆十四年任 舉人
丁永祚 萬曆十八年任 舉人
錢光宇 萬曆二十年任 舉人
鍾夢庚 萬曆二十二年任 選舉
范 乾 萬曆二十四年任 選貢
吳一麟 萬曆二十五年任

徐大紝
潘可大
李夢龍
麥聯登
程世良
劉忠位 萬曆三十年任
林得暉 萬曆三十三年任

周佑 萬曆二十八年任選貢

俞思沖 萬曆三十三年任進士

徐時用 貢士奉新人三十五年任

毛翀 舉人賀縣人三十九年任

顏艮佐 進士

楊文正 舉人

林大儁 舉人

桂振宇 天啓五年任貢士有傳

史管 貢士

宋名臣 萬曆三十六年任

張文奎 萬曆三十九年任

羅弘宗

張秉賢

盛顯爵

喬弘道

陶際熙

王立準 貢士
程師稷 貢士
徐日乾 貢士
姚　暹 舉人 有傳
楊虞官 舉人
李元龍 舉人
金麗澤 貢士 有傳
陳元青 貢士

劉永胤
孫承憲
楊如雲
趙文銘
周夢龍
余思遇
陳鳳鳴
郎一元

明學官題名表

教諭

吳仲賢 洪武三十二年任甲戌進士

潘同 洪武三十三年任歷任四川參議

謝源 洪武年任

龍澄 洪武年任

潘吉 洪武年任

范宗道 永樂年任

趙琬

訓導

董仰 洪武年任

鄭士良 洪武年任

童添 洪武年任

程頴 洪武年任

余宗衍 宣德七年任

梁亭

包溥

劉　僑　　潘　嵩

姚　玉　　李　紘

朱希亮

董　許正統三年任

陳　愷

王　福　　包　麟弘治十四年任

郭　琥弘治十五年任　　陸　憲弘治十七年任

李　聰弘治十八年任

饒自成正德二十年任見宦蹟志　　淶希賢正德五年任

陳驥正德九年任
梁京嘉靖年任
唐鄉嘉靖三年任
黃興嘉靖九年任
秦濬桂林人舉人
許信陽江人貢士
王道渠安福人貢士
梁木嘉靖二十七年任新會人貢士

潘祥正德十年任
羅俊嘉靖三年任
李輔嘉靖三年任
方繼膺
張泮
華鑰
范承恩
楊沂
皇甫震

胡兆　二十年任安福人

張士文　二十一年任歸善人貢士

李寛　三十九年任瀧水人

張介　江西分宜人貢士

曹傑然　四十四年任全州人樂人

林雲興　興化人貢士

林艮兼　福清人

黃季　廣東人貢士

陳瑚　莆田人貢士

曠效忠

林昊

卓彩　廣東人

李藩　長汀人

李培　永泰人

梁藻　順德人

陳瑞麟　莆田人貢士

吳一貫 南靖人貢士

劉交滂 漳浦人

龍希簡 望江人貢士

張潮 羅源人貢士

揭炫 歸化人貢士

華岳 諸溪人貢士

吳光祖 羅源人貢十

袁洛 江西宜春人貢士

沈孟作 永定人貢士

顧學 南靖人貢士

温德基　清流人 貢士

郭淡水　漳州龍溪人 貢士

陳學海　福州連江人 貢士

歐陽誼　廣東順德人 舉人

袁文紹　建陽人 舉人

王大覺　字愚公 閩縣人 舉人

林茂春　浙江青田人 貢士

范亦學　青田人 貢士

王元順　貢士

鄧繼尹　廣西宜山人 貢士

區世康　廣東順德人 貢士

李永傳　湖廣岑寧人 貢士

王國楨　字端容 閩縣人 貢士

曾　縉　山西蒲縣人 貢士

林紹宗　福州人 貢士

米堯天福州人貢士

淹焞禎字若木興化人舉人

郭　凝福州人貢士

張應麒福州人貢士

尹幡然漳州人貢士

林天毓廣東人貢士

戴秉諧漳州人貢士

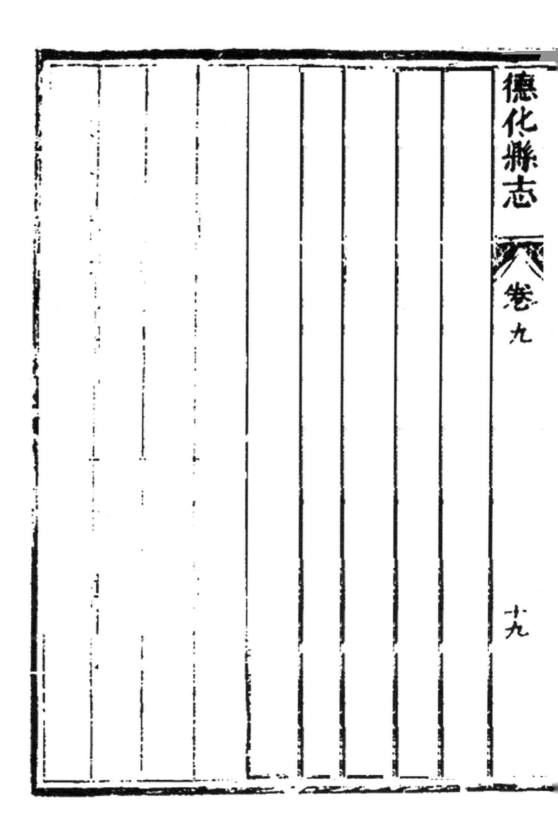

宋明名宦傳

德化在五代之前未以縣名宜無宦蹟可攷宋之題名詳矣而宦蹟不著豈無賢大夫功德在人者乎志乘失職有遺滅焉前志繙閱宋史及縣志得陳尉靖一人已祀之名宦若明則去今未遠風流猶在稽之舊志詢之故老表表者不乏人也其功德尤著而履任在先者既已舉載後之未盡祠者今各采其芳躅列爲紀傳嗚呼遺愛所在固邦人之永思而典型具存實有位

之龜鑑也可不慎哉

宋陳靖莆田人初與貢親請兵于漕版授泉州府德化縣尉參議軍事賊平以前資官例赴闕補許州揚翟縣主簿累遷江南轉運使江南有李氏橫賦於民凡十七事號曰沿納靖極論之詔蠲其尤者數事歷事三朝以秘書監致仕有經國集十卷勸農奏議二卷熙寧元年諫官以勸農奏議上下篇奏聞詔藏中書後復索經國集進呈特贈左僕射宋史郡志俱載

明王巽亡其系出洪武元年知縣時承元兵亂後公
私凋敝規制草創巽至慨然以起廢爲任葺學
宮以右民教脩縣署以肅民瞻建壇壝以嚴祀
事役民不勞資財不傷三年之間政平俗化人
忘改葺議者以爲大統初集巽得安静晝一之
體
王貞浙之永嘉人洪武九年知縣謹身帥先一清
如水視民如撫嬰孺待士如接賓客一時風化
淳穆邑中翕然好學倘山水公餘援琴賦詩悠

然自得人以爲有子賤遺風

馮翼山東德平人洪武二十六年知縣性倜儻平易與民煦煦然邑民爲洪武九年垛籍晉守衛及二十年抽充永寧衛防倭逃亡者過半田業荒蕪糧額照戶不可豁往往責民賠之民用困翼與下車首詢民隱嘆曰嗟乎瘡痍不瘳何以施粱肉哉掾曰軍餉無所給恐獲罪翼不聽即以狀聞太祖嘉納時下詔蠲其額數民至于今受其賜

應履平浙江奉化人洪武末年知縣爲政廉謹平恕是時文運未開科第落落履平乃益勸勵士有向學者輒奬假不倦自後邑之人士多登科目考最遷吏部郎中歷官按察司

何復河南柘縣人宣德元年知縣邑自履平之後代匪其人凡百廢墜復至循序經理未幾年百廢俱興民不知勞政尚簡易廉平正大爲當道重

陳宗全廣東人宣德十年知縣明恕廉介立綱紀

新民聽先教化而後刑罰未幾年邑中大治

李青廣東石城人天順六年知縣爲政平恕人以李佛子稱公餘機履巡行郊野農事不勤者召而諭之朔望入學宮孜孜爲諸生講論終日無惰容百廢俱興九年民脩其業士脩其學邑大治秩滿當去民奔告當道借留三年

任順常熟人弘治十二年知縣性果斷多才能每編賦稅徭役命下民報稱便民有曾姓者好告訐號鵰兒素爲民患公化之以德久不悛乃寘

之罪惻然遣之曰爾何不爲嘉禾而爲稂莠乎

自是純用德教徒獄空虛

胡潛績溪人弘治十七年知縣居官三年以廉潔
自持水利橋梁廨署營葺者恒割俸以助民有
訟者俾自化鞭朴不施老幼繫不加貧以弃退
去民相弔如失父母

緒東山廣西馬平人嘉靖二十六年以舉人來任
嗜學工詩文訟清政簡公庭無事日與諸生講
學論藝置學田以贍之監鸞雲亭于龍溪之巔

建丁溪書院于滻溪之南丁溪之西居諸生講
習其中去之後士民建祠于龍潯山麓
胡惟立江西高安人嘉靖三十二年以舉人來任
廉介自持門絕苞苴勤慎涖事庭無留牘法不
貸于豪右急每先于困窮均賦役里甲稱平發
奸摘吏胥告訐門隸黠其欠慣刀徤去其太甚
里班出役常例不收秤納錢糧加頭悉革沒于
官廨士民永思祀入名宦
鄧景武江西德安人由選貢來任德邑舊未有城

魯經沙賊之路當嘉靖時比年寇抄民遭屠戮

群結寨于縣後之大龍黃龍二山俟乃度地營

城正南臨溪東自龍潯山麓以上環山而北西

包六洋山而下達于溪以居遠近之民未幾而

呂尚四倡亂圍城後令張大綱卒賴以破賊保

令之功洵偉矣哉

張大綱廣東龍州人嘉靖二十八年以舉人來任

惠愛百姓作興人文時繼前任鄧公築城垣嚴

保障遇呂尚四等倡亂劫永春縣新尹合徒萬

餘來攻目中已無德化矣公親身督戰斬獲寇賴以平詳見黃侍郎碑記復築書室于龍潯山麓

秦誥蘇州崑山人萬曆元年以舉人來任經畫疆理勤有心計學宮廢墜獨斷遷造城外大洋山之陽廟貌鼎新巍煥材工精緻甲于一省皆公計畫所成也諸生懷德與緒公同立去思碑于龍山之麓崇祀之典尤當急舉云

黃承讚浙江義烏人萬曆九年由進士先任武進

調德化禮待諸生每月會課仍面評高下行賞
有差又脩鶴雲亭書房其作興人才類有可紀
丁承薛江西南昌人年十九領鄉薦英齡敏捷洞
悉物情德最邑民風尚氣薛不怒而威涵濡而
漸化之俗以就淳豁鹽稅絕關提以杜僥倖而
抑強家城故未有南門薛慨然曰南為離方文
明之位人才盛衰攸關乃捐俸築門建樓其上
以祀文昌調燮福凑猶不忘德之士民嗣後錢
令因童子試濫收冒籍邑庠公憤而八生徑與

化府赴督學擊鼓鳴其事錢令亦文致申詳衆懼不測祚在福清衿聞以其實告督學皆直之錢令因論去自是冒籍屏跡皆侯力也至今人士目擊時弊猶思慕不譲官歷知州知府至湖廣憲副使嗣福清名宦然袪冒一節德邑尤當崇奉什一云

林大儁廣西隆安人辛卯亞魁賦性坦易行事寬厚潔己勤公隆禮脩接有友仁事賢風建塔巽方以興斯文復丁溪故道以符古讖兼署永安

二纂嚴倉庫毫無苟取所至課士甄拔名流捐
示教導學者多受其益時譽翕然歸之在任時
子光第於本省發解人謂好學之報
桂振子池州石埭人以明經宰德邑仁愛宅心坦
易近民建祀聖寺置糾察遺愛二祠創府舘成
巽壖脩文廟鑿泮池綜理有條百廢具舉學田
多被侵沒釐剔以資燈火貧士王秉乾不能婚
資金代聘楊紹臨貧而殯不能殮蓋資棺衾而
窀穸之旌孝友尚節義禁炫服戒侈靡飭男女

別途之禮長幼令習官語捐金以給老人振鐸於路朝夕唱明六訓凡所設施無非善政興建之勞前後捐俸溢三百金竟高尚掛冠士民號於當道攀轅不獲惟建特祠塑遺像世世尸祝云

姚蓮浙之秀水人學顧癸酉由舉人來任爽朗豪偉胸懷坦然待之民如同體時泉宦正熾而泉屯之在德者屯丁貧困悉乞勢宦豪幹收租酷剝民不堪命繪圖叩閽事下撫瀋泉府按驗合

力爲民剖折冤狀反覆數四皆流與流涕
晩若恫瘝萬端不顧也當道爲感動上其事上
下嚴禁歲省德民額外横索萬餘遂中邑耆以
去日姓請留不得乃買地立祠祀之閘是德之
計偕與北行者未嘗不枉道造見也年九十鬚
髮皓然猶康強如故云

李元龍江西玉山人由舉人來任坦易任真不脩
邊幅工詩善行草日樂之不厭倘當関元道衣
繫絲縧麻鞋人不知爲縣令也恂恂然與物

無忤樂只君子於斯有焉

金聲澤常州武進人崇禎甲申拔貢武進故名區
而侯又名士精神炯炯顧盼睥睨如下筆如流注
言洞入肺腑邑初有疑獄至即牒城隍按決之
豪家作息適值京師告變大亂解組閩郡紛紛豪
横恣威福衙民倚勢陸梁德要如故也後陞漳州
府同知旋陞知府時漳多盜所親撫剿望風歸
化晉階忠部指揮所及雖秉鉞握符者不敢與
爭衡故時有鄭勢金石之謡云又明年十月大

兵克淳不居死之侯字石可

縣丞余表廣東化州人奉職廉慎撫字有方役均訟簡民咸戴之卒于官郡守胡器遣祭以旌其廉

主簿古彦輝廣東長樂人性敏决習吏事識大體不尚苛察勸課農桑凡有出令民爭相勸洪武三十一年溪流暴漲居民蕩圮之後弗遑寧處公撫之民忘其災初下車視覺宮廨署規制湫隘以爲長佐之羞相地之宜鳩工度材廣而新

之至於橋梁道路之屬莫不綜理九年秩滿民欲赴闕奏留之會監司保任擢監察御史

教諭饒自成廣昌人由貢士以司訓遷任于此示軌方正守性儉約日習經史月設課程誨諸生如子俊者獎之貧者恤之捐俸脩理祭器志尚清端當道嘆服

訓導張泮東莞人由歲貢持身廉謹課士有方嚴約束而嚴課程至於義利之辨尤爲不苟學宮圮壞捐貲葺之詳載莆人吳從龍記中

教諭張瀚三山羅源人以歲薦司訓泉郡陞邑諭
勤課督精品題所取士科第蟬聯時推冰鑑丁
祭務腆而誠鄉飲必當而舉觴中酒樂門牆沐
其涵淑如坐春風焉
訓導王國禎閩縣人以恩貢拔邑司訓到齋手不
釋卷具有文心鋒穎不露明于幹濟渾璞無言
當路器重列之薦剡遷粵西桂平尹
教諭林茂春浙江青田人以台郡司訓來掌邑教
氣槩豪邁無媕阿士或踈於禮法者能包隱而

誨之分齋曹綱蒞官三月而卒橐橐蕭然子女
復繼殁師爲之殯瘞其内氏煢煢無依復爲之
請於當路護送其歸同僚友誼古道所難
教諭黄偉顧字若木莆田舉人學富才高氣節自
命有鳳軒鶴舉之致諸生有志能學者愛慕有
加蘿齋梁權貴不肯假顔風裁嚴峻學校肅然
頹俗爲之丕振

德化縣志卷之十

職官志下

國朝職官題名表

知縣

黃琮 歲貢順治三年任

王榜 揚州人丁亥進士順治五年任禁泰

王寵受 北直人己丑進士順治八年任有傳

崔越 平度州人貢士順治十三年任有傳

何之旭 黃州人拔貢順治十五年任康熙五

附署縣

孫白孫 河南人通判

傅嘉謨 浙江人貢士

朱世昌 理問

王澤洪 北直人通判

年　督參
附任

和盛鼎　城固人舉人康熙六年任陞大理寺評事擢監察御史有傳

何際美　河南人進士康熙十二年任

王之紀　遼東瀋陽人監生康熙十六年任二十二年陞行人司行人

傅以廠　聊城人歲貢康熙二十二年九月任

范正幹　鄒縣人舉人康熙二十五年十一月任現任

趙希仲　泉州府經歷

張嘉壽　北直人進士布政使司都事

鄭天倫　遼東遼陽人康熙十六年二月任

姜立廣　通判

劉永藩　晉江縣丞

撒啓朋　山陽人前田縣承

教諭

方日章 順治年間任

盧敏政 漳州人舉人署教諭順治年任

林潤芝 延平人舉人者順治年間任

李日登 汀州人貢士順治年間任

康熙四年裁教諭存訓導康熙十七年奉文准加銜復設

李光駿 晉江人貢士康熙十七年總督委任

王欽祖 福州人貢士康熙十八年任有傳

訓導

胡其臣 歲貢士順治年間任

鄭梓 福州人歲貢士順治年間任

李正標 順昌人歲貢士順治年間任

李如蘭 壽寧人貢士康熙年間任

林甲繼 福州人貢士康熙九年任

吳元昇 大田人貢士康熙十八年任

鄭默 建安人貢士康熙二十一年任現任

李蚤春 建陽人貢士康熙二十一年任

方祚逢 古田人貢士康熙二十年任現任

典史

郞一元

李潛鱗

梁允魏

王　選

馬　霖

顔志美

蒙光獻

周之英

國朝名宦政蹟

王觀受北直人進士順治八年到任節儉慈愛而有威重聽斷訟獄一清如水事母極孝待人以肅舉止進退有儀寡言笑望之儼然時兵燹流離城治丘墟令下車撫凋瘵詢疾苦課士恤民行鄉飲禮遠近翕然山寇充斥良莠雜處令設法聯絡山砦委重練總教操鄉勇出俸犒士民樂用命順治十年任以內艱去

崔越字秋濤山東平度人以歲貢受縣職俊倅謙

達登弟慈謙外無圭角而內有涇渭廉靜寡欲而不事峻絕以自表暴聽訟尙寬無滯情然不喜鞭杖負者亦乖一恕辭責之而已時大兵征海徵撥孳飛令每匹馬入郡計畫事辦而驛擾自大兵克復巨魁以投誠陰陽觀望叢人于要衝抽稅令力捕之十四年三月魁叛來戰于縣城失王千總令督鄉兵禦之縣禁交通蔬與始慨決意投誠矣竟以憂勞致疾實授之命甫下若令旋不祿惜哉貧甚幾無以殮適兄布司

經歷崔巍遣子來候經紀其喪道路皆為流涕

和盛鼎字巖夫漢中城固縣丙戌舉人寬弘藹吉待士以禮時承前令徵酷之餘故族士類蕩產傾家惴息重足令至改剔弊政力謀噢咻徵比聽斷雖在公堂與民反覆辨論務得其情平易和悅有觸無忤紳士參酌利弊欵洽竟日無厲容以故貴賤咸得歡心擢大理寺評事去之日攀轅卧轍盛極一時旋擢北城御史詩曰豈弟君子民之父母和公之謂矣

王之紀濟陽人由筆帖式隨征委任德邑時際初復瘡痍未瘳令簡靜鎮物不事紛更平訟獄省興作民甚便之二十二年擢行人里民攀轅留靴如和令云

姜立廣泉州府通判康熙二十二年攝篆德邑明敏練達物無遁情雖蒞任不數月而民猶思慕不置

教官政蹟

林潤芝延平人以舉人膺教職博學高才工詩律善書法風流儒雅蔚然足稱

李正標順昌人以歲薦司訓淡泊寧靜情致蕭然雖門墻未嘗邇贄而喜愠不形及有關學校公論名則義形于色尋陞龍巖學教多士猶嘖嘖思慕云

王欽祖閩縣人由例貢司邑教慷慨好義諸生貧節樂郡不受寒士不能自給者多所推解捐貲

百餘兩修葺聖廟仍重建邑西龍津橋及梅上里道中亭士論高之

人物

范正辭曰地以人重莫謂邑無其人也洨侍御以直節顯名於時賴宮庶以文章輝耀于世其他或以廉潔稱或以孝友著　卓卓可紀者若夫樹壼範矜彤管如絲娘而後更有貞烈足多者焉志人物

人物志上

宋科目年表

進士

林揚休 政和八年戊戌科王昂榜

蘇欽 宣和六年甲辰科沈晦榜

陳廷傑 淳熙五年戊戌科姚潁榜

蘇權 淳熙十一年甲辰科衛涇榜

林洽 淳熙十四年丁未科王容榜

林瀛 慶元二年■戌科鄒應龍榜

黃龜朋 嘉泰二年壬戌科傅行簡榜

鄭輪 嘉泰二年壬戌科傅行簡榜

黄霆發　嘉定七年甲戌科袁甫榜

徐霄開　寶慶二年丙戌科王會龍榜

蘇國瀾　寶慶二年丙戌科王會龍榜

陳霆震　紹定二年己丑科黄朴榜

林汝作　淳祐七年丁未科張淵微榜

特奏

蘇　祥　政和二年壬辰科莫儔榜

郭　體　紹興十二年壬戌科陳誠之榜

林　格　紹興十二年壬戌科陳誠之榜

章鋐 紹興三十年庚辰科梁克家榜

吳欽若 淳熙二年乙未科詹騤榜

蔣勵 淳熙八年辛丑科黃由榜

楊要 慶元二年丙戌科鄒應龍榜

黃奎 慶元五年己丑科曾從龍榜

林鑾 嘉定元年戊辰科鄭自成榜

陳言 寶定二年丙戌科王會龍榜

陳雷煥 紹定二年己丑科黃朴榜

吳桂 端平二年乙未科吳叔告榜

林襃嘉興二年戊戌科周坦榜

鄭黔淳祐二年甲辰科留夢炎榜

釋褐

吳異紹興二十七年丁丑科王十朋榜

蘇總龜紹興三十三年癸未科

童子科

張可封慶元七年辛卯舉

游明紀嘉泰四年甲子舉人七歲能誦詩說經採大衍數工五七言詩

按宋朝科目有進士有特奏有上舍釋褐有武舉

有童子科科德化應舉惟進士特奏爲盛今次第其科與年而表之俾人以科顯科以年著至其終身履歷則詳于紀傳其所不知者姑缺焉不敢強爲之說也

明薦舉題名

陳仁山　楊梅中人任湖州岳州魚課提舉司

蔣伯起　東西壆人以孝廉舉授江西新喻縣丞

李宗厚　楊梅中人以明經舉授瀘江麗水縣丞

賴以仁　下湧人以明經舉授山東沂水縣丞

黃震　清泰人以明經舉授江西新喻知縣

張賢　湯泉人以人材舉授廣東登邁知縣

余宗仁　小尤上團人以人材舉授四川清寧縣任主簿陞廣西平樂知縣

按明舊志曰薦舉之法即古鄉舉里選之遺也國

初人材多由薦辟得賢之盛非前代比後歷薦
舉取士局於科貢至任官又專重進士科殊失
立賢無方之意近奉明詔其畧有云舉人無九
鄉之望歲貢無方面之陞田野絕薦舉之路吏
禮二部考求祖宗以來舊典務要科舉歲貢薦
舉三途並舉後此議不行今存其名以見明初
取人之法

明科目年表

進士

凌　輝　永樂十年壬辰科有傳

丁啓濬　萬曆二十年壬辰科

鄭　沛　萬曆二十六年戊戌科有傳

莊尹辰　天啓五年乙丑科

賴　垓　崇禎元年戊辰科有傳

舉人

凌　輝　永樂三年乙酉科

蔣應　永樂十二年甲午科

曾顯　永樂十八年庚子科

余英　宣德四年己酉科

楊澄　成化十三年丁酉科

林潤　成化十六年庚子科

林眞　弘治五年壬子科

鄒絅　嘉靖四十三年甲子科

紀廷譽　萬曆十年壬午科

丁啓濟　萬曆十六年戊子科

林際春　萬曆十九年辛卯科

鄭　沛　萬曆二十二年甲午科以恩貢登順天榜

洪啓哲　萬曆二十五年丁酉科

李雲階　萬曆二十五年丁酉科以恩貢登順天榜

郭維翰　萬曆二十八年庚子科

張鵬翅　萬曆三十四年丙午科

莊尹辰　萬曆四十六年戊午科

賴　孩　天啓七年丁卯科以恩貢登順天榜

張　穉　天啓七年丁卯科以訓導登河南榜

鄧孚槐崇禎三年庚午科有傳

涂紹泰崇禎六年癸酉科

黄中昊崇禎六年癸酉科

賴天與崇禎十五年壬午科以拔貢登順天榜

林鵬摶崇禎十五年壬午科有傳

貢士

洪武年中

陳榮知事　林茂有傳　蔣德高衛倉官

鄭慶教諭　鄭瓊慶知縣　莊進經歷

鄭肅經歷　劉德進　陳敬按察司檢校

劉公孫　蔣雲　鄭椽

陳福

永樂甲申

李鉉　林藹主簿　鄭昭主簿

陳公春主簿　張才　李隆主簿

陳伯昌　蔣伯淦縣丞　張絢

蔣廸　林盛　李禎

歐陽仲

宣德年中

梁義　阮敬縣丞　賴祿南門巡判

張銓照磨　張源

正統年中

林錫照磨　趙璦知縣　李廷憲知縣

劉宗青　張隆　范傑教諭

張懋教諭　林泉　蔣文傑衛經歷

陳普

景泰年中

李遇春州同知　連　城新建主簿　蕭　綸

天順年中

顏　眞鴻臚序班　賴　興曾城主簿　連　碧博羅主簿

陳　治星子主簿

成化年中

林　敬慶州照磨　陳　旭　張　恂

林　洪新城知縣　留　鏵　李　勝按司照磨

林　新　陳　佐德慶州同　留　成湖江知縣

張　崇　陳　灝從化訓導　黃廷魁古岡縣訓導

弘治年中

張亮西淮經歷　陳琥　林俊

凃福勛陽訓導　范克仁劍州吏目　陳文江西教諭

劉鴻陽春訓導　陳軒靖州訓導　張石璘

曾瑞　張進紀仁和主簿

正德年中

林文　黃球訓導　林援

林清汶江教諭　范克智　鄭价石

莊憲　黃天錫會同訓導　楊澄玉訓導

嘉靖年中

曾光　陳中立　連艮

林賢　王甫政　莊如愚

涂允寬　郭麟慶遠教授　陳衍恭

莊守愚　陳天彝　陳伯容

黃保　林榕爵雲訓導　林景春

陳石電白訓導　王策　林濟

鄭經王府教授　李宜居章丘教諭　林球寧波教諭

莊啓愚　吳天祐程鄉訓導　蔡克熙[illegible]授

紀京華　黃自勉訓導　陳廷表訓導

隆慶年中

單　輔台灣知縣平樂通判　林　珀州學正　觀從化訓導

陳洪謨教諭

萬曆年中

林宗勝教諭　徐思可　葉光中州同

張文誥府通判蔡鳳舉義　林　棟知縣有傳　周　榛訓導

林　樞知縣有傳　賴孔教訓導有傳　賴　光教授有傳

王　雍雲和知縣有傳　郭以璣漳浦教諭　梁可弘

鄭　沛戊戌進士有傳　李雲階恩貢中順天舉人有傳

章時舉教諭　董子芳　陳王道崇安教諭

周　桐教諭　陳一柱　柯應鳳

黃龍御采諭有傳　易象炳平樂府教諭　歐陽熺

朱光山訓導　紀廷舉　林　燦知縣有傳

陳叔揆訓導　張　穰　張輔鼎

天啓年中

賴　鋑戊辰進士有傳　黃拱參　黃懋耿

賴　極

崇禎年中

張九垓 建陽縣司訓　賴　㦌 四會知縣有傳　周　鼎 松溪訓導

周　墀　李大秀 漳浦教諭　林　檟 有傳

鄭　湜 貴溪知縣有傳　鄧　濂 有傳　徐國甯 福清訓導

周日崇　林濬昇　歐陽濬 集賢館貢士

國學

張　紳 按司照磨隰縣丞　賴　埰 恩授訓導　張士賓 永州州同

淩雲彩　陳　標 邕州州同　林　燦 樂[illegible]有傳

蘇　僖　李喬霖上林苑丞　曾　經

林　吳廩例考選縣丞　劉五倫　鄭克明

周　任　歐　戚廩例選州　賴　鑣

周　獬　馮維禎　涂峻登

俊秀例納

林賓卿海鹽主簿陞衛經歷　鄭　燿奉化主簿陞衛經歷

援資省祭

李天叙嘉興縣典史　凌　高衛經歷　王國範彭城衛倉大使

李應卿成遠衛經歷　周　行江西大庾縣典史

李　茂　加納知事
王問臣　欽州縣丞
周　禹　寧波衛經歷
淩雲彬　縣丞
淩　永　主簿
李茂春　鄞縣典史
淩　袞　主簿
陳　高　吏目
李日英　如皋縣典史
蘇　蹇　典史
李　蔥　青神縣典史
張　鑾　南昌縣典史
陳　機　巫山縣主簿
蘇　鸞　巡檢
林大標　崇吾縣典史
陳文卿　金堂典史巡檢
周可久　單縣主簿
林繼盛　清溪巡檢輔翁源縣丞
郭應交　梅頭巡檢

武舉

崇禎丙子科

李乘龍　郭王侗

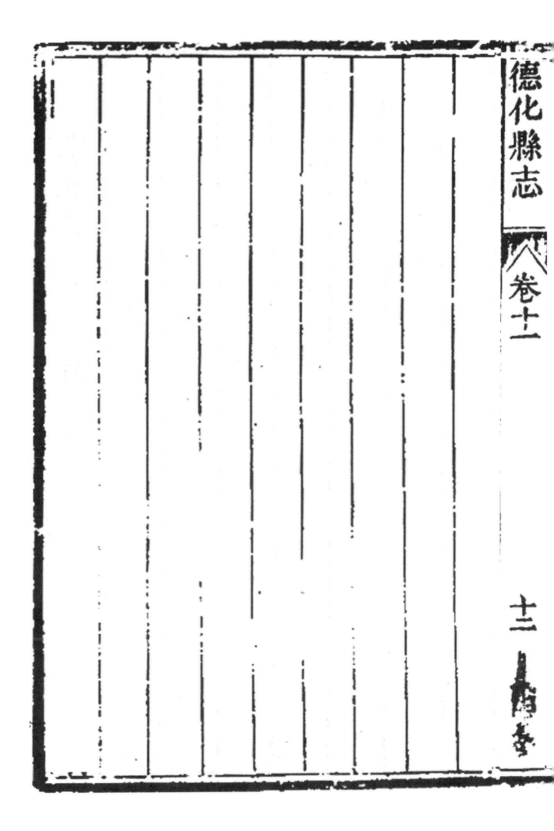

封贈

宋林程以子揚休贈朝請郎

明凌六德以子輝贈監察御史文林郎

鄭揚以子沛封戶部主事承德郎

郭璨以子維翰封臨江府推官文林郎

李綮以子雲階贈吉安同知奉政大夫

賴嫌以子垓封翰林院檢討

國朝鄧濂以子孚槐封監察御史

國朝科目題名

進士

順治十八年辛丑科

李道泰任雲南開化府知府有傳

康熙十二年癸丑科

林模

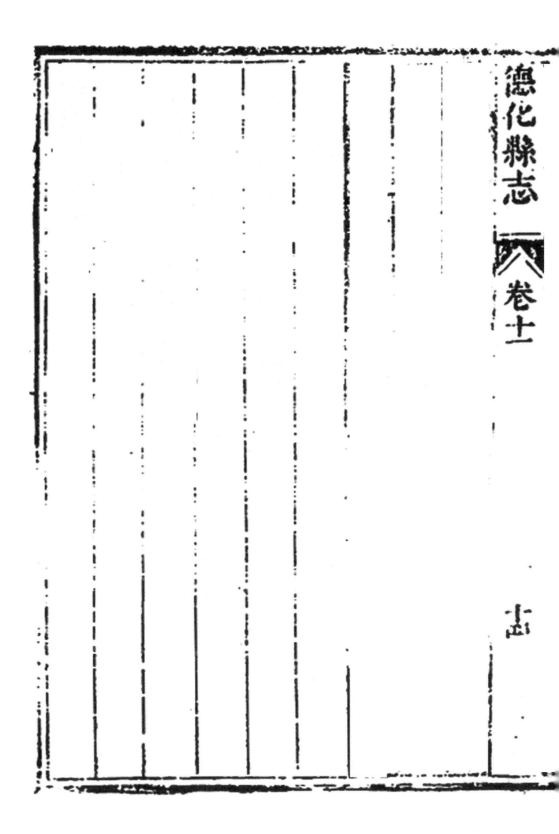

舉人

順治五年戊子科

鄧爔

順治八年辛卯科

李道泰辛丑進士

康熙五年丙午科

林汪遠揀選知縣　林模癸丑進士

康熙十一年壬子科

井重熙　謝青鍾揀選知縣

康熙十九年庚申科

徐其璘

康熙廿六年丁卯科

蕭弘梁 解元 王維斗 張志學

貢士

順治年中

陳崇蘊考選通判　徐燮鼎漳州府教授　曾爲馥知縣

丁楷莆田訓導　方令泰　郭嵐嶷考選州判

李其繢　賴鉞考選通判　林鳳翀

張佺　井九疇古田訓導　李喬鍾貢元

王爲都　鄧伯楷　丁熺現任湖廣按察使

康熙年中

温舜華現任崇安教諭　黃中燮　黃猶憇壬子副榜

林岱思浚　黃顯鸞　鄭振世

林渤　林岳　呂笱奏

丁士熬

監生

李鶚　米鑄　林應賜

劉元鍾　李弘志　徐墀對

陳士任　陳縉　陳朝繅

徐爲鄴　許雲祥　蘇昂

武舉

康熙五年丙午科

王斌仝

康熙八年己酉科

李公培

康熙二十六年丁卯科

鄭士垓　鄭士坡

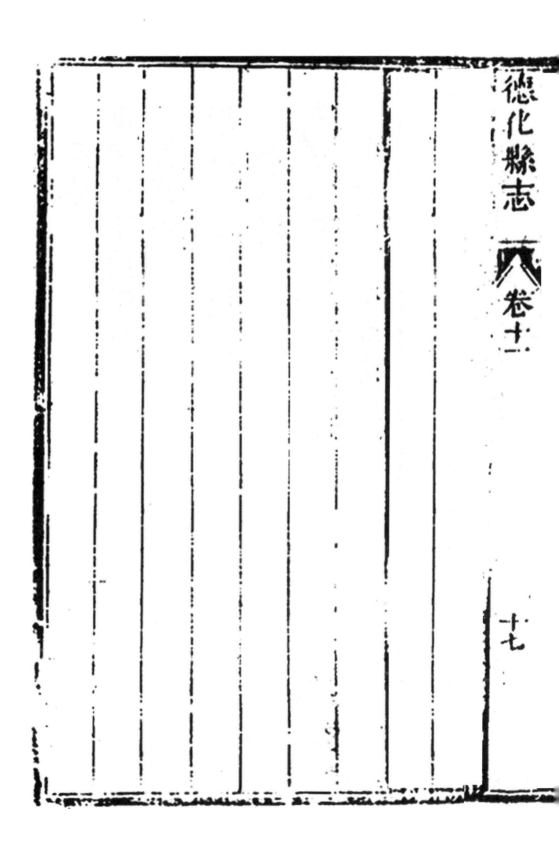

德化縣志卷之十二

人物志下

鄉賢紀傳

顔仁郁

顔仁郁字文杰唐時爲歸德場長號顔長官蒞政荒民散郁撫之一年襁負至二年田萊闢三年民用足有詩百篇傳於民間其詩有農桑朱門客路邊庭城中貧女負薪空門山居漁家十門每門爲七言絕句十首宛轉回曲歷道人情諭

農詩一首云半夜呼兒趁曉耕羸牛無力漸艱行時人不識農家苦將謂田中穀自生居山詩一首云栢樹松陰護竹齋罷燒藥竈縱高樓世間多少閒中景雲繞青松綠滿堦至今邑人歆之立祠於石傑鄉歲俎豆水旱疾疫必禱焉祀

鄉賢

鄭昭祖　孫鄭輪

鄭昭祖碩傑人嗣郡爲長官遷郡司馬力勸閩王歸順于宋後封爲歸順侯邑令陳居方爲之記

鄭翰字景仁昭祖裔孫也登嘉泰二年進士引保
昌獲強盜不肯論賞曰人命可易官乎爲龍南
令邑山洞民不輸租一日數十輩以長鎗挈錢
而至吏驚惶詰之曰聞有好長官願爲王民秩
終民愛之遮送不得去知南城縣會盜發江閩
盱江諸邑擾動輸悉意摩拊無一人附賊翰甫
代去而邑被兵人謂行善之報歷廣東運司主
骨文字辟知循州卒輸爲國自靖以廉終身

林程　曾孫洽　瀛

林程楊梅人慷慨尚義廣收圖史延宿儒合族子弟環而誨之舊傳有水流丁羅簪纓之讖程捐家資買邑前瀨溪諸田具畚鍤開濬一夕天大雷雨溪岸洋溢決流丁方子揚休以上舍擢政和八年進士贈公朝請郎孫洽瀛相繼登第

林洽字濟叔程之曾孫也事親盡孝人士稱之淳熙十四年登進士有文名知福州閩縣政尚廉勤通判鎮江府未至卒

林瀛字廣叔洽之弟慶元二年以明經第進士嘗

知莞州東莞政蹟最諸邑以薦名監左藏庫遷
國子監簿林氏自揚休登第休子興宗爲錢塘
令宗子洽瀛皆登第洽子延賞瀛子士英皆顯
四世簪纓盛于一時也

蘇欽　從姪總龜　黄龜朋

蘇欽字伯承善均里人登政和甲辰進士除江西
帥屬贛卒叛爲帥漕畫策平之知巴州舊例有
脚乘錢三十緡公曰未能補公家豈敢費私緡
悉以代民輸賦移閬州首陳州之利病六事徙

却例錢互送錢諸司以治最薦得旨再任未幾除利州路轉運司使又條時政五事上之卒於成都慶元間編脩高宗實錄索公行狀家集奏狀并御筆上之

蘇總龜字待問欽之從姪居太學紹興十六年試中上舍優等第一孝宗登極恩賜釋褐登第授衢州教授累遷參淮東議幕歸再奉祠有論語解大學儒行篇詩文雜著藏於家蘇氏 自欽登第子洸孫槱國瀾從姪總龜熹熹孫稟相繼登

第五世簪纓爲一時之盛

黃龜朋字益甫奎之從姪由科第除廣西就陽縣簿歷梧州推官廉州教授所著有周易解若干卷

張　元　陳文叔　張應辰　鄭起東

黃公懋　蘇師孟

張元長於易以六十四卦再重爲易書由象大小象爻辭說卦雜卦皆具自作筮法以土作地盤匏爲天體中刻木八面畫八卦初揲得之爲下

卦再撼爲上卦覩其爻辭以斷吉凶頗有驗
陳文叔字元彬清泰里人博覧洽聞文詞蔚贍名
冠太學中上舍優等後學宗師之有西笑遊鑾
人多傳誦未祿而卒
張應辰字紹卿通經史負笈者不遠數百里而來
有禮記解雜著若干篇藏于家一時名流進士
黄廷發徐雷周林汝作鄭起東者出其門
鄭起東字子震入太學明經鄉校師範蔚然時論
高之

黃公懋靈化里人三舍法行升於州公懋不喜王氏三經字說退而隱居於里讀書著文有和泰隱君詩百篇不娶食於從弟自知死日時至期盥櫛衣服遣使謝其從弟而逝

鄭師孟字醇中操履端非學問純正窓几間書聖賢格言以自警睦族姻鄰事視教子咸可爲鄉人師法三世同居不求聞達

凌天德　子輿

凌天德楊梅上團人自幼孝友鄉稱長者洪熙元

年夏以子輝貴贈文林郎河南道監察御史

凌輝字邦輝天德之子幼穎悟過人登永樂壬辰進士任廣東道監察御史尋以風采改河南道立身端謹持憲行聲擢江西按察副使儆官邪明憲度振飭風紀安民正俗屢從文皇帝征伐與脩大明一統志勉劾勞勤兩膺誥勅纂脩德化縣志明邑之登第自輝始祀鄉賢

鄭　揚　子沛　從姪湜　湜胞姪源世

鄭揚領傑人昭祖裔也敎孝友勵志節教有義方

子沛科甲之後益矜名義不肯私謁親族僚
以累鄉里四鄉德之立生祠於鄉以子貴封戶
部主事年八十終

鄭沛字源甫號渭初幼聰敏而沉潛守繩墨垂髫
遊泮即拔選入郡甲午魁麟經戊戌進士年二
十六有一先輩嘆之曰源甫少年科第而收斂
英華似乎春行冬令遂討暫給歸省親見先輩
若父執同庠若師長皆以舊禮事之絕無新貴
容初任晉柴文稅課兼四門諸差茹冰蘗惠商

氏爲後先卓冠清德著聞與當時立名者爲天下六君子焉嗣督昌平糧儲及客臺兵備護陵寢供湯沐時誦極若心經營而志操愈勵冊家書上其父厚自貶抑幾徵誠懇傳者嘆服三十二歲卒於官朝野無不嘆息太常李鳳岳誌其才通敏而心甚虛氣冲粹而骨甚正宮詹黄九石述其胸羅象緯而無上人之心貌若處女而有擔當之勇在朝則竭誠體國變而後已在野則敦本勵節歿而愈光皆寔録也入學特舉祀

鄉賢

鄭湛字宇澄沛從弟恬静好學以明經司訓汀州署永定兩學受其訓誨不忍一日離函丈時欲往來迎與挽兩相競也遂貴溪令以內艱歸際鼎革遂不復出家居三十餘年不入城邑鄉推祭酒屢請賓筵不得已兩應之晚歲語子弟曰聖人慕而學易余慕而嗜性理老益康健九十一卒

鄭振拱舉明經能文章有德與張邑侯旌爲理學

儒宗家居常述謙卦六爻皆吉恕字終身可行弁范謙益座右戒以自省在庠兩舉德行居鄉群推祭酒

李繁 繁子雲階 階子喬鍾

李繁在坊淡山人生平仁厚好施與弟分財讓肥居瘠友于著稱家素饒鄉里待以舉火者百餘人方食時有糶粟者投箸而起予錢請俟食畢曰人猶待粟而炊吾獨忍恣飽乎嘉靖間綠林竊發繁被獲義不忍殺縱子雲階曉愛之不欲

就外傅階蓉負笈從李文節公學復喜其有志厚資遺之文節日之爲蕤臯上人作李公傳繁基義無窮於子孫功名之際不競不躁四鄰咸稱爲長者以子貴兩膺錫命一子九孫彬彬皆文學士人咸謂樹德而食其報壽九十

李雲階字太堂繁之子也生階晚愛之不欲督讀書階蓉罷燈幕中終夜不輟又不欲介離膝下蓉負笈從王郗昌學繼師李文節成名士丙申應明經丁酉登順天榜始宰華容至則捐俸建

劉忠宣祠恤黎公淳後各別置祀田若干頃出寃獄按巨憝侃侃不撓歷四薦至爵已署部竟以多口量轉吉安同知鄒南皐郭青螺兩公極器重之署府及攝邑篆者九皆大著聲績復代湖關使者却例金五千餘兩臺交薦竟以忤時不樂仕所署篆既盡却例金又不忍鞭朴盡出其宦橐代民償逋乃歸以奉政大夫致仕家居課子孫讀書立社會文評論指示不倦如是八年有書十種行於世子喬楫英山知縣次子喬

錄上林苑丞之六子喬鍾最知名庚子貢元

李喬鍾字彭又幼而穎悟奇特父家居日集庠中名宿與子孫會文午後交完者即送入閱鍾時方七八歲即默記其文與其批評圈點處以示人閱者推服成童以冠軍入泮學使者試三壓其儕庠中所僅見也丁亥戊子之亂賊屯於瓊山夜取太堂公之柩爲質鍾中夜挺身就賊以死求贖賊義之護其柩使歸以此稱名士皆樂爲交遊後多貴者鍾處之如素不以富貴媢

人人亦不敢以富貴驕之鄙遠避則議論談笑詩文行誼皆有古人之風數奇於場屋竟以明經第一人膺歲薦尚銳志進取年僅五十用未一試行道之人皆爲心惻

郭琛 子維翰

郭琛在坊駟高橋人壯年慕義任俠拾遺金者二皆坐待失金之人驗實還之建龍津橋旋燬於火仍造以利民凡道路有傾圮者即捐資脩葺以子貴封臨江府推官子歸有宦資輙然弗視

也有古人之風邑人重之祀鄉賢壽九十無疾
而逝
郭維翰字屏叔琛之子也登萬曆庚子科舉人初
任江西臨江府推官署四縣篆孔邇互扆當道
交薦以秋滿課最綸封褒寵陞廣西慶遠府同
知丁艱起復補楊州府同知廉節端謹陞岷府
左長史晉階解綬林下締友賦詩壽七十有三
郭體後裔於斯為盛
賴孔教　　子㺯　　孫㧥　　從姪光

賴孔教湯泉人持身謙虛居鄉正大事親無忤言色與兄合爨不忍析以歲薦司訓全椒愛諸生若子貧而新進者反贊以資喪不能成禮者捐俸以助殯于官易簀時囑以宦餘公子姓櫬歸號送者二百餘人崇禎六年舉祀鄉賢

賴嫌號四表孔教子年少篤學孝友隨父任全椒父卒於官躃踊哀毀扶櫬而歸見聞哀悼食貧教授不倦以明經司訓尤溪遷四會知縣出五寃獄不避權貴以有忤于官春坊遂解綬逍遙數

載以終祀鄉賢
賴垓字宅肩天性孝友九歲能文淹博經史聲震
庠序間以恩選擢北闈售南宮郎以天下爲已
任初任平湖矢志氷蘗不侮鰥寡以媚權貴鼎
新　文廟甦拔寒俊却湖秜滋額節海塘濫費
置義塚以牟火化創儲囷以修梁庄汰冗役五
十𡵓義廩十四清私醿四十萬毅軍庵百餘畆
紓民賠士文學吏治爲兩浙冠　特簡木天
名對稱意命侍東宮講學明倫雖三代師保不

是過也念遠二親色笑決意歸養得所落之役未及還朝適逢鼎革遂結巢于瓊溪鄉與二三兄弟詩酒往還望重一時當事爭聘堅以疾辭因自聯山僂曰皎月高懸羅薜夜蒼天長放蔽薇春以見志又著溪鑑出李道泰于縲絏中後卒聯翥劉侍貲以贍弟宗黨重之歷官宗伯學士歸隱者幾二十載著文籍一十餘卷于二紛

鉞

賴鉞垓之子性至孝恭儉持身道義自禀遇事剛

方不苟足跡罕至公庭維坐重之由恩貢授別
駕卒文蘆葺學宮煥然一新其有功名教如此
乙卯也遭寇亂族衆顛危挺身捐貲竭力維持
室廬墳墓咸保無恙其有功同姓如此常媿五
斗折腰遂終隱山谷則又雅潔可風也
賴光孔教從姪也世業正直而有禮以歲薦爲司宣
城訓遷僊遊教諭尋遷瓊州府授署儋州篆尤
月不攜一錢到嚴有聲其在瓊也有府官浙人
履任獲戾上官斥去行橐蕭然意將鬻妾公出

俸金二十兩以助其歸家居三十餘年行誼著陞
經刊感應篇廣布于世深明脩煉之術年八十
無疾而終

林　棟　棟弟樞　樞子燦
從弟楨

林標字隆甫邑中夏林人也嗜學篤孝友濟領歲
薦入北雍歸卒於明標尚稚號天匍匐迎喪歸
葬究學業精益勵試輙冠多士令延爲賓之
毅然無私請以明經得選會時相欲爲營好地

笑而謝之竟得樂會邑遭賊僞倡抗守孤城設
計布伏巨魁殲焉當道妄殺要功公嚴捍禦手
釋平民千餘命于刀刃之下全境獲安竟以此
忤當道旨被逮得白欽賜金五兩陞荆府審理
正不赴歸而囊橐蕭然閉室著書杯尊接客者
二十餘年壽八十
林樞字中星棣胞弟少有氣節多材藝歲薦入都
相國王錫爵申時行許國見而奇之延教子
弟右事必咨詢焉授南陵令罷驛傳建橋梁却

例金恩歲並著上羨而下慕之有驪歌集致政歸杜門課子與親朋吟咏有一嘯篇于七人爲校最知名

林爔字伯基樞長子敏達寛厚德量汪汪毋試輒冠軍以明經初授長洲司訓長洲故名士淵藪甄擇採誘與論翕然文震孟稱其爲天下長者陞令東安矢志自立不依阿權貴大著風裁以忤罷歸杜門不與外事年七十七卒有茂苑雜紀都荔山房詩集

林煥字仲謨樞次子豪俊尚氣節儀容頎偉儼然工詩喜交遊餼于庠因入南雍時湛體仁爲祭酒雅試冠軍聲聞於鄉積歷應得州佐棄不就有南再草松鱗草吹吷草諸詩

林櫝字觀甫棟樞之從弟早爲諸生沉潛篤志無嬉遊情慢延濾之容不事家人生產萬曆後學者多背傳註而於易學朦朧尤甚櫝殫思十餘年自著易經正解簡便明晰悉依本義而剖析推究尤有功于後學明經歲薦貧不能赴年八

十餘卒

林茂　余英

林茂字盛之坊隅彭坑人也由歲薦正統八年授廣東儋州知州持身廉潔宅心仁愛民戴之若父母有茂林無虎豹儋海有鸞鳳之謠丁內艱服闋補廣西吉州知州時值己巳之變蒙難輪邊死於王事祀鄉賢

余英靈化里人幼敏穎日記千言輒通大意十二歲補邑弟子員督學以奇童稱之難以經史隨

叩隨應宣德己酉以禮記領鄉薦第五人司於
答與其文日詞鋒若夙搆老成之作也及赴鹿
鳴方總角縉紳咸嘖嘖嘆賞自謂不及鄉先達
凌侍御期以大就庚戌春試勸綏其行無何殁
於家使天假之以年造詣學業必有過人者矣

單 輔　王 薛　林際春

單輔號巖泉高洋鄉人年少力學從李文節先生
遊由恩貢任廣東廉州府合浦縣清介執法不
阿任六年不取合浦一珠陞通判解綬居鄉家

無減獲妻自炊子自傳茶飯供客李文節高之爲舉鄉賢其在合浦也有丈量之役多代田以數千金請半丈不受悉丈之朝廷方按盜珠事下縣覈而漸免者入珠盜斗十不受以實報竟誅其黨其爲人立志可槪見矣

王雍字在雲清泰絡縣人受業李文節甚重之以明經宰浙之雲和冰櫱著聞五載如一調富沙首取十二悉登第時服得人歸田里二十餘年爲鄉祭酒正直不阿居[illegible]有利病輒爲別白邑侯亦

番蔡奉之甚爲時所重置義田數千觔以供
一宗祭祀至今守之
林際春清泰朱紫人家世有淵源勵志攻苦砥行
端莊試輒高等二十八登賢書善對偶之文精
於行楷人爭購之名震都下賦性恬靜口不道
人過置祀田數千觔以公丁姓族人德之今崇
義遷德慶知州

陳仁山　陳石　林椿　黃龍徵

柯應鳳　陳素

陳仁山楊梅中人洪武壬子年由薦舉任湖岳二州魚課提舉司尋致政性恬淡有逸興興到即歌咏世稱有趙子昂之風有湖山野牧行於世

陳石大卿鄉人以歲貢司訓寵白練達精敏有匡濟才邑昔無城屢罹寇亂於害不堪乃請於令鄧景武築城以保障永賴功培科榮鳳翥二文峰勸教鄉族讀書令足邑多彬彬文雅

林松璒孽鄉人以拔貢授縉雲訓導輕財利喜養士樂周人懸將庠生樊應科成童食貧樸實議

撫待之如至親後樊巡撫本省往候之着苧衣
公服叩門不爲通候其出字呼之曰樊手山樊爲
喜下轝扶入父事之厚贈俱不受有殯人者餽
五千金闢節格叱之曰殺人坐償律也能爲女
免乎樊爲表其坊曰高雅儒宗
黃龍鄉號新陽邑西門後場人以歲薦授教諭莊
年勵志家清勤苦嗜左氏書法晉詩宗唐誠一
時高人逸品也有詩集傳於世
柯應鳳湯泉人賦性恬靜潛心攻苦生平喜怒不

露顏面與人交久而敬之以歲薦授連江訓導
士尚文嘖嘖冰鑑甚下接上彬彬中矩諸司道
咸稱六館之才卒於官時大嘆息
陳素蘊字思泰號賡颺在坊入鄉人石之族孫也
博學強識無寒暑手不釋卷試輒冠軍社草試
牘傳誦遍海內士翕然宗之正直廉潔口不談
阿堵物至獎誘後進過片言揚讚不容口後進
於潛鄉塾字東皆出其門
國朝定鼎首領恩薦考授通判退老不仕年七十五

卒至今典型猶動人思慕云

鄧濂　濂子孕槐　槐子燁

鄧濂號濟寮邑之塗坊人少而英敏有志始移郡居就學爲文簡重精密每試冠軍事繼母撫諸弟以孝謹閭處友朋謙不苟郡邑每以德行推之次子孕槐嘗患瘧設饌以祭夜中恍惚若有所見者辭去曰公厚德次君無恙也其行誼信於鬼神如此至今傳者以爲美談歲薦後郎事杜門以子孕槐累贈監察御史卒年七十

鄧孕槐號台生濂長子童稚能文試輒冠軍庚午
登賢書年二十有五
熙朝定鼎既授京李時華遝多故治獄多平反權貴不
得干以私慈惠廉直有古人風擢御史按江南
上江利病纖悉皆陳錮風省刑恤災邊事極
言言輒得
俞旨入按畿南督理屯田時眞定等十四州縣兵亂
之後流離荒蕪逃遁者多丁產賠累乃上痛哭
一疏得

青翊免民獲更生以龍圖備之內艱歸未及大用年甫服官而卒世咸惜之

鄧爍字夏鑄幼而聰穎邁父祖弱冠入泮遂登賢書為閩泉閒運首舉慷慨好學無貴介氣事事約而近裏好詩寒暑不廢苦吟英華收斂既盡而復苦索性靈文人多不能堪為慨嘆

林　談　　子鵬搏　　朝薦　　朝陛

林談字泰心梅上桂溪人好賢樂善風度爽豁時在隆萬之初民多淳朴而談獨篤志嗜學既長

飭于庠八子皆悉詩書不屑治家人生產而務
本節用家復儉裕益窮乏賙宗族慷慨於朋友
終身坦坦不見憂慍之色舉家近千指雍睦請
吉長幼內外無間言見聞者靡不企羨子孫皆
列庠序每語之曰若輩後有慎無多收僮僕節
五子鵬壽采膺壬午鄉薦孫汝蓮楧
熙朝丙午同榜楧復舉制行好學之澤其流遠矣
林鵬搏字潛鄉泰心第五子敦友于有華性仁讓
慈愛不憚勤勞始兄弟多先在庠而搏獨代營

家政兆年始入泮名文名屢試第一擬科行誼
敦儉謙厚和美不言財利人號之曰菩薩丁亥
戊子之亂盗賊不作與鄉閭里咸賴以安民甚
德之
熙朝授武定州以水災去任居官淸淡不能爲歸計
青齊縉紳互客之數年以鄉宦德爾瞿公來閩
始攜之歸宿于尤溪之鄉是日里中正會衆誦
經驚喜如天降其感人如此此益嗜學能詩精於
理數多客遊棊酒爲適淡泊無慍接人談笑終

日不倦人莫窺其涯際年七十臨卒方歸自撰行筵吟五言律而逝林程公之齋於斯復盛焉

林朝薦字受鄉泰心弟六子雄才博學負大志不事家人產垂髫即爲邑令林大儁所知試拔冠軍在庠敦孝友樂爲善兄鴻摶作文必就正以兄師弟怡怡然也性恬澹好引掖後進人有片長奬譽之如不及然一時甚衆不遠千里師事之深山僻壤皆知讀書自此始與弟朝陛結廬潛山著有潛山樓詩文傳世年三十六遐僊授册

預知兇期無疾而逝能非氏矣志撫孤次子汪
達丙午舉賢書人謂天之報施不爽如此
林朝陞字俞卿泰心第八子孝友無間學博甘天
鹹扁其居曰孝友堂大宗伯龔鼎孳題以 薛
鳳四字贈之性仁厚生平無疾言遽色居鄉敦
禮讓重廉節廣施與孳孳爲善而不欲居其名
里閭感化如王彥方陳太丘也鼎革後邑經數
亂過遭焚掠至鄉兵遂相戒曰此仁人里也毋
相犯然德感人類如此其持躬接物恂恂若孺

子遇大義獨能勇之爲先是
國初定鼎都督蔡調羨來邑鎮撫邑民不無觀望畏
縮陛毅然以儒生登都閫堂言論侃然總戎爲
之動容優禮於是遠近聞風歸服及甲寅耿逆
變亂即以大義曉里族立係約無一人入僞黨
者故子若姪卒皆守身以待光復蓋其理義之
勇又浩乎不可遏回翔陛學採月窟文如春華
教子皆手授經書著有四書詩經蒙述綱老尤
嗜學讀易不釋手兼精內典及星曆諸書又纘

元墨自明迄今共三十餘卷長子模登癸丑進
士
李道泰　謝猶
李道泰字子交縣東少堤人博學善古文辭下筆
千言立就每搆思必出人意表登乙丑進士敦
孝友居鄉恂恂和易有先正風設義田以給子
姓而義舉濟人獎誘後進人多感之性躭山水
築纓溪別業泉石之勝畧擬輞川令建昌時獎
孝行與寒素革陋規蒲鞭示儆而民化之值耶

寅軍政倥傯邑當水陸衝途聯船過馬備極勞勩時吳逆作亂嘯聚廻附泰身率兵壯設法驅逐城賴以完量移　郡丞泠署冰廳家人閧笑如寒士因闢地結樓於紫霄峰內名曰白厓雲泉洞壑宏拓全廬然論方之白李草堂可千古矣嘗賫俸過鄱陽逆浪折舵　舟爲號宴坐如故胥役鼓小艇請過避謝曰同舟共濟豈吾獨安耶竟不動舟亦旋漂淺處其鎮定如此及擢授滇之開化土庶攀轅塞路有出涕者開郡遴

微漸拓下車即洗除供應常費衙道爲黎民建義學教詩書時埀野初役鎮營火伴及里中養卒多湖南孩童掠賣者憫然以詳放難民適詳報冊仍逐給資斧回籍楚人至今尸祝之竟以病乞休未就卒於官子龍詩熙符扶櫬歸里殁葬綏溪從素志云所著有綏溪文集又有集古二十本名曰韡譜詩有響草剩園四草南州集耳鳴集浜行草諸編

謝猶龍字颺儒邑人幼業儒家貧輟治陶猶業不

數載致泰對與兄岊羽共之序感憤復學博涉群
書遂入庠孝友出天性家門雍穆有柳仲郢家
法邑令金麗澤扁其堂曰克敦天顯二兄沒撫
諸姪子姓數百指不析箸仲兄子擄於賊拷餉
極慘虐龍入營願以身代賊義之卒釋歸令王
龍受嘉公行誼欲請諸學憲作養其子入泮龍
曰吾有伯子之長子在庠不可紊也卒與姪泂
有古豪傑遺風焉生平忠信不欺尤好施與順
治末遷民流離傾貲賑濟多所全活太史賴垓

武定守林鵬搏雅积徽畫詩酒氣與偕卒年七
十七進士林模誌其墓次子謙青鍾壬子舉於鄉
張觀盛　周得　林宗源
歐陽發新、曾源
張觀盛字虛谷湯嶺頭人家庭無疾言鄉黨無疵
行少遊庠足罕至公門晚謝舉子業一意課耕
不窺城市者三十餘年有江西賈書客宿其家
遺金二十七兩于牀頭明年遂不能再來而張
於晒床時得之不知何人所遺也不啓封藏之

後年客再來宿詢其去年不至之故以失本告
驗其金之封識多寡與所得同悉還之不受謝
客泣拜祝天而去後歷舉鄉賓辭不就至九十
有五勉爲一出皓髮龐眉喘履白健望而知爲
有道壽九十七

周瓚湯泉鋪山人狀貌軒偉睦族恤貧敬賢愛客
聲達四鄰子姓彬彬年九十有九立碑於道
側行人嘖嘖稱之因名其地爲百歲翁云

林宗源在坊璟臺人幼孤姒長娘不字撫養之事

烘如事母孝友而慷慨好義樂善爲鄉閭所推重邑有雲龍橋者一縣之要道毁而莫建人苦病涉源自出銀二百兩倡首募造而身任其勞事載陳公碑記中又捐貲助建永春東關橋逵近更嘉其義詡之好義樂善誠不虛云子球以明經司訓曾城人咸稱爲爲善之報

歐陽發新邑治人宅在北門之外張令移城時新父監生成請於官出任犒其工彎抱如拱後奉令擇以爲學宮成猶不忍請於上臺成卒發新以

田地一十二畝餘，爲案輸學宮，至今春秋頗非其家。善繼人志，有子無咎，人以是稱之。後公議以舊泮池改田一坵，付歐耕佃，以示優恤。
曾滙，字鯤海，早歲遊庠，慷慨好義，有遠識。邑民半佃屯田以耕，當明季法弛，豪幹收租，肆虐百狀，百姓流離。于是有華斗桃之說，甫安鄉民聚衆以爭。滙聞之，曰：是將縶於亂，我不可傲，不如訴之於朝，捐貲付佃民，冋龍珪等叩闕下，其事於府守與李審定，歲省邑浮費幾千石，而滙自捐

費近千金乃買地建府縣生祠而勒聖旨於召
以埀後未幾而南安民果激變成亂德邑以寬
伸氣平安堵如故人咸稱其華奬之功而識者
尤謂其有止亂之仁

名賢紀行

林夔號敬起正德時之新化里人也其生平不少槩見大約篤信謹守嗜學自好不炫文華不苟進取不嗜富貴不貪貨利非道之言不言非道之事不作卓然誠恪之修士惜乎舊乘之闕畧也今補之

孝行紀傳

宋張興渭　明王三聘　徐瓘

張興渭，楊梅上蒲澤人也。天性至孝。淳祐六年，母楊氏病篤，百藥弗愈，渭籲天割股和粥以進，母病立愈。里聞於縣，縣爲立旌孝坊以表之。

王三聘，清泰絡鄉人也。恬默敦篤，家貧，對親必怡顏温語。母吳氏久瘻瘧，屢購方劑不效，焚香祝天，執刀稽首，割股一臂和投粥中以奉母。母惟其味，聘恐疑嘔，跪勸進之，飲盡，自是疾漸愈

後行跛人方知其故鄉約舉于縣旌扁孝誠能

格

徐墐字覲甫在坊之儒山人也有聲庠序賦性孝友毋林氏病篤覘天刲股調羹以進病立愈舉邑咸稱其孝知縣王寵受請之于憲以奇孝可風之額奬之永春知縣鄒起明亦扁之曰孝友

流芳

列女紀傳

宋陳得琛妻　明陳璠九妻　鄭仲妻

陳得琛妻黄氏名桃娘清泰里人姿顏淑媛年十六適得琛期年得琛服役卒於外訃至黄氏慟哭但絕旣殯葬無獨生舅憐其年少無子將舁歸冀改圖之氏度不能免一日托以澣衣出門前溪畔視水清瑩澄徹乃嘆曰吾心亦若是水但恐爲泥滓所濁今得死所矣遂投之鄉人莫不爲流涕

陳碞九妻　氏嘉靖辛酉八月流賊猖獗突至其鄉倉卒抱週歲兒與夫同匿山中爲寇所獲夫身免寇見其姿美欲奪之不可寇手刃其兒撫兒慟哭震地厲聲罵賊不絶口遂被害年二十有五邑人聞之莫不以烈稱之云

鄭仲妻陳氏陳𢃇一之女也歸鄭兩月而鄭病事夫半載而夫亡哀慟七朝慷慨就義通邑舉呈

送扁旌奬

宋劉惟義妻　明曾剛原妻　林兑一妻

庠生易象賡妻　銘山周位妻

劉惟義妻蔣氏蔣三慶之女也名九娘年十八歸惟義二十四而惟義死時二子幼冲且貧甚蔣飢寒紡織奉養舅姑撫二幼兒長皆成立舅姑没喪葬皆合禮孀居三十九年始終一節

曾阿原妻張氏名珠娘年二十有一生子儀甫數月而夫没家窮田廬宗人之强者利其他適而圖之張哺儀號泣誓曰天不墜爾宗爾速長大我之志不堅天地鬼神寔鑒臨之儀八九歲延

名師教之遂入邑庠不幸年二十四亦没張號天曰天何酷罰若是哉遂擇姪恕子之恩撫無間人不知其爲姪也

林兊一妻李氏桂陽鄉人適兊一未幾而夫卒年十九僅有一遺腹舅姑父母咸憐之李矢志自誓撫遺孤供高堂持門戸經營家計合節中禮無惻惻容舅姑忘其爲寡婦也年八十一方卒鄉族盡敬奉之以爲婦女儀型

易象賢妻林氏邑之夏林人也夫爲邑諸生卒時

氏年二十六孀居鞠養三孤食貧茹蘗冰霜無玷舅姑早没氏待舅姜樂氏恩禮有加父母亡弟幼氏撫恤至成立年六十六卒三日顏色如生衆咸嘆異闔庠鄉族舉呈詞云四十年如一日寒燈夜雨節操凜乎冰霜千百載同此心公是公非芳名噴於閭里傷命偏獎曰貞烈足風

銘以周位妻丘氏大田人也年二十一夫没存一遺孤名覺氏撫孤號天誓以身殉瀕死者屢矣家人護救得蘇氏父至憐其年少意諷改適氏

六歲死龐他父以一綾與之曰無玷吾半點也氏跽受曰無貽父羞兒後繼卜氏哀痛無依服毒數次不死水漿不入口者九日又不死聞者無不流涕族長以胞姪濂嗣其後濂克盡孝養氏安之享年六十餘始卒今其後蕃衍文學彬彬亦天所以報苦節也

明庠生林賓拆妻郭氏

郭氏庠生郭載伊女適庠生林賓拆即南陵令樞之孫庠生州之子也年十八而夫沒待遺腹艾

生女父母舅姑皆憐其幼微其意對曰叔生子
婦予之則寡婦猶有後也無與言矣矢志既定
從容不適不幸三十六卒題序共舉節孝撫院
批云松筠植操冰蘗爲心十有八而孤所天忍
死以撫遺腹之身三十六而從所志捐生以隨
物化之魂仰縣立祠旌表祠在縣東門內江右
解元林仲裔其門曰節孝紫雙品春秋足萬年

明貞女林長娘

林長娘在坊菁民德茂女也幼負貞淑敦孝

中翕然稱之先是母時年十二幼弟宗源二歲越五年父病且死時長娘年十七矣父而囑之曰吾死矣夫而兩幼孤兒也若能爲我撫須成立而後字吾目瞑矣長娘遂搶天泣誓願守父命以終身撫育孤弟愛及受室爲兒家千志貞靜而性好施弟宗源倡建邑之化龍橋長娘出儲金二百兩又捨金助建永春東關橋年八十有一而終猶然一處子也此似非人道之常然終身不背父盟真可以勵末俗而貫

日月矣易曰貞不字長娠以之

按康熙十五年丙辰邑遭洪水沿溪漲湧五百餘家林族瀕溪以居詞 壬深於水水退獨存長娘木主在几案流注壁間卓立不仆亦一奇也大抵貞正之氣精靈不泯天故顯之以示異也與

國朝張鎮殺妻

殺妻易氏湯頭鄉人丁亥之亂山賊入寨欲殺害之氏匿其夫于倉以身當之賊繫之去

衣去綌以飲食入室語人曰我婦人可爲
繄乎遂縊以死賊大駭而去鍾毅竟免於禍
卒後鄉里邑宰聞其事於官邑令和豐鼎旌
其門
王起初妻陳氏艮太人年二十二而寡矢志栢舟
年彌高而志彌勁里人請匾以獎之顏其廬曰
冰操可風厥孫符御遊庠有聲人皆謂貞節之
報云

德化縣志卷之十三

文籍

范正幹曰山以玉輝淵因珠媚德邑芳行美舉登翠灤溪未易更僕數也不藉文人之筆爲藻繢雖盛弗傳然詩賦記叙繁若蠶毛特遴其著于茲、上而爾雅、不祥者、劃入斯編即一枝片玉自堪共賞也志文籍

文籍上

舊志序

郡若邑各有紀乘微論藏省煩劇皆以風土之
宜人物之政筆而存之徵信於當世以示來者
此益權輿于禹貢周禮之職方令班孟堅之志
地理所自昉矣吾閩中獨溫陵稱形勝奧區人
文淵藪龍潯其轄下邑古治代各有書則興纂
修者再然逡巡趑趄旁魄不足徵信示後邑侯
南城周命初先生下車觀風考俗撫循民隱振
作士類一時斐然嚮風三年滿其秩以最奇遷
河洋獨山刺史以去時余家伯備員邑博士亦

以秩滿遷西平俞翁懔然曰以余之不穀濫竽斯土者辛三稔於茲耳目之所覩記若人物之俶儻若風教之漸濡若山川之偉麗巖巒之幽奇較之往代更宏鉅而恭闕焉可令其泯泯不彰耶乃引新斥陳裒益而纂修之以一編授予而徵余言以爲序余惟誌者志其事而摭其寔也禹貢所紀田賦高下墳壚黎赤以至篠簜箘簵纖縞之細周禮則及於山藪川浸男女畜擾之粗而班孟堅則又詳於政治風俗奢儉之故

總之於資民生茲治道而要其大則以經濟翊世行誼表著當年者爲川岳重余卒業斯編審覩其郊垌繡錯里巷婁塞之謠俗因以知厝注所宜控馭所急用以恢牧叅而暢仁風歷覽其峰巒之嶔崟渟泓而淵徵又足以廣其神識而助發其淵軼之思備攷其縫掖冠纓之倫如宋蘇欽之潔已奉公林揚休之調閩政績鄭輪鄭軫林洽林瀛甑以兄弟登第所至有冰蘖聲爲當代仰止明則有麥侍御鳳裁敢言人所憚避

鄭計部金玉君子時論推戴焉單介清之冰操高尚林樂會之保障瓊海林南陵之卻例金清宿蠹均之邁越時流足傳濱循良者試未易縷指也此其俶儻俊偉之行冀足揚抗千古彪炳來禩曾何不擅其輿區之勝挈六淵藪之精耶周侯於此獄加注存誠有所見於其大矣後之覽者得是志而以發驚翻揚鳳采燦雲五華若增而高丁溪龍門若濬而深勵世風徵文獻尚亦有賴哉又何所論其減省其煩劇而不與上

國齒也斯編也節軼班氏而上與禹貢職方並垂不朽夫誰曰不然周侯諱佑江右南城人字君眷命柳其別號云

賜進士第湖廣參政永定沈涵化譔題

明天啓丁卯年舊志序預作未沒

夫載事之書取傳信不敢傳贋而邑誌更重固繪山川描寫人物旌既往勵將來於是乎參史茲土者樂廢舉賴闡微揚幽討實錄而泰發傳編勿沿訛襲外篇後相蒙亦是當官應為事余

下車覽龍潯志反覆披閱人文遞衰遜盛山川
風景亦因遷換乃周仰初甲辰之役歷二十餘
載多宜舉宜革宜闡宜揚父老鄉紳所傳告者
或鼎新或復故則徵獻薄錄無不可指與士民
規置兩歲締營自詡可華無闕然遺漏隱蹟尚
未表彰竊欲取舊志而恭補亦備述簿書鞅掌
未遑旁及忽而罹病倦骨漸生請乞歸田里啻
以一局未了為歉未三四請而上弗許仍守篆
視事而鞅掌如前目竟不獲寄心毫楮脩文人

之業葉嘗八文凌昌凌巘計不敢以此局諉後人一日命諸生掇觚從事諸生逡巡謝不敏必欲倩筆名公余因謂忠孝節義亦其人自足重耳豈以名公重耶學者滑將遜退終竄擱管也日籍史與經並行其志豈其人已而耳目前觀記不能揚扢必乞言文致序引謙讓為博士林先生乃晉學院慶旗德行生員徐君育元等暨受事幾匝月彙次成編其藁自序余因而叙錄之餘外彰幽千百年古蹟芳名恍從煙草消泯

中頓爲生色向者簪纓紀世茲復蟬聯未易計

量行且與大國驕駕中原登第政和以後諸君

子哉若前人已經揚厲不必贅爲潤色即今採

摭增補不敢謬爲鋪張只此三代盦心傳信而

行後有作者考獻徵文抱心相印則此志爲左

劵

文林郎知德化縣事長林蕭我桂宓字撰

築城記

陳石

蓋考天下郡邑莫不有城池之設夫城池之設

也所以固國而衛民者也德化縣治建自五季迄今千有餘年獨不城者以縣夙稱樂土故也逮嘉靖丁巳歲邑侯鄧文翁卲莅茲土奮然以思曰安不忘危者哲人之所戒也一旦鳩集人民以築城之意告之民皆響應各鄉乃力取材於山索磚於陶求匠於鄉作之幾及一年而功遂告成城垣周圍八百三十七丈石砌於下而磚覆之高一丈有奇形勝東顯西仰誠有維之奥區也庚申歲倭寇倡亂剿掠永春邑日濒壍

乎德化，詢知有城，乃遁去。將邑侯張衡翁思鄧侯築城之功，因喟然嘆曰：公當其勞，我享其逸。德化之有城也，不惟邑人世世戴公，众亦陰受公賜多矣。顧濶而難於守，乃中改而小之。城以東如其舊，西城改從縣後山而一，衛田中迤西門，周圍六百六十八丈，高四丈，東西城皆增之。北城及西門建敵樓，外鑿濠深丈餘。東門城樓視西北高廣過之，登其上亦一邑奇觀也。外築月城。次年辛酉夏，遂壺叛民呂尚四率眷從者

三萬人環攻邑城十有餘日勢甚猖獗我師乘
勝窮搗巢穴擒斬無遺噫鄧侯固有功於民張
侯能成鄧侯之志是亦有功於鄧侯者也嗣是
屢更寇變深山窮谷之民扶老攜幼負貲而入
寇退則反有此城池則有此人民有此人民則
壯此縣治二侯之奇勳偉績豈特制其一時哉
語曰有德於民則祀之其張鄧二侯之謂歟在
謹爲之記其畧如此云鄧侯諱撰武別號文齋
江西德安人由歲貢監生任張侯諱大綱別號

衢波廣東龍川人由鄉貢進士任

開南門碑文　侍郎莊國貞晉江人

德化縣郡西北鄙邑也山五季創邑治逾六百餘年弗克城城自嘉靖丁巳邑侯鄧君始然其時僅爲東西二門迨壬辰侯秦君乃復建門於其北而南猶闕焉丁侯始至登陟巖垣眺矚方隅俛而若有思也已而嘆曰儕有之南門者法門也夫何以稱法門在昔聖人南面而聽政嚮明而治小之稱若邑大之天下於以布法坊民

一也即德化壤地褊小介在萬山中然亦稱天
子附庸之國棊卜儼然周繚堞雉矣而門僅二
而嚮明之方闕焉弗備其何以示早旦也都於
今日人文溢發彬彬才儁每春秋比士列薦書
常數十計也邑去郡不二百里而參節持甚即
北士於鄉鮮有應者斯其過歟甚在士或亦以
德之地脈未開耳夫龍潯山若繞而丁溪水滙
於其前若帶故勝區也必山澤通氣而後休祥
啓焉文明臻焉今者門制有闕南非限亘山澤

之氣毋乃猶塞而弗通歟第今更建門於南背
接鄰障面職溪流若引諸紆縈之水納之襟裾
間用疏達其湮鬱而宣融其文明庶幾有蔚然
而起者侯以燕語博士先生若諸子弟皆曰侯
實有意造我柰何愛區區之力而以煩公帑則
相率請於侯侯爲躬度厥址捐之而又捐俸倡
焉經畫已具畚鍤咸集始於辛卯之十二月數旬
而竣功是歲八月當比士於鄉而林生際春貿
偕計吏其明歲壬辰二月當又下大比士而余

嗣丁生啓濬復應制大庭邀貺興以來未有春
秋踵舉士如今日者諸父老忻忻焉以爲山川
之靈其果有所　而侯之大有造於余邑也博
士先生龍君希簡梁君藻若諸子弟林生斯選
張生文曜李生雲階凌生雲彩謁余願有所記
余聞昔之建邦築室其於審方相城察景望氣
之類法所不廢侯之法其猶行古之道也夫行
古之道而用以倡興邑之人文使茲挺奐而論
者踴躍磨淬咸思耀於光明其於勞來輔翼不

爲無助矧是役也叶諸父老子弟之意而因以成其功於官不告糜於民不告勞方之輕百姓之力以作者相邁也何可以不書爰授其始末爲記俟名永祚豫章人他所惠民厲學勸士種種可書茲不具著云

建譙樓記

張綬 邑令有記

泉乃閩之雄郡也乃泉之屬邑群山崒嵂羅峙一溪泓邃前繞遶小澗介溪爲丁字之形有文明之象而德邑爰立地廣人稀里戶沿華介僅

存九而縣治儀門之外放有大門上設譙樓懸鐘鼓以司更瞭望尤庫獄捍禦之攸關焉余乙亥之秋蒙授職蒞此日其譙樓東西兩廈瓦壓於上級圮於下旋葺旋頹與丁亥之夏朝覲而歸燬兩間亦椽蝕棟倚頹將過半凡出入啓閉司更瞭望實維有難矧鄰封流寇蝟集流毒而覬覦啓侮實切戰兢我邑民庶尤困於誅求之煩不可以纖毫勞擾戴恩之無何乃自捐俸及圍夫之餘者三十兩市杉百株尼於上命弗遂

葺嘗日役一日而傾圮尤甚乃僉謀請支公帑無碍官銀七十兩再湊市杉備匠買料申蒙巡按侍御周命允爰就戊寅季冬歲交承而興工令其民之敦愨耆年者鄭旺林鸞毛俊緻董其事迄己卯孟夏而落成鞏羽鱗次非惟頗足凝目而改觀實足以捍患而禦侮矣此後保障有道夫復何虞或曰長府可仍此奚屑屑未免私議殊不知惟事事乃有備有備無患此古之格言為政之先務也

寅賓館碑文　　鄉進士署邑教諭王大覺福州人

長林洙公甫下車未數月則建祝聖曰尊上始創文昌曰開文也脩城隍曰荅神也置糾察曰儆心也次第翼如靡不備舉無何賓館又告落成矣館自昔因於儀門之西入則膝相促出則肩相摩主人送客堦下反而脊不得顧公至陋之徙東之曠而楠題焉不問一錢於民間幾之隘者廓樸者麗沙礫者甓向廹促而坐無次者今厲以序王子感而嘆曰事何不可爲亦何以

可以畢爲也惺非林公莅兹土者五年自以爲廢事康哉可無復煩吾之經始也寧知猶遺以種種未備以待後起者之經綸乎是皆弗可旦夕已者也所不即爲者以德邑環群山中木石屢荒皆求百里而遥不易遽以官徵台問之司帑者其有留餘數緡可給匠作乎又輒披簿而覽額相向曰烏有也以故上人一事欲舉輒肘掣不得展徵桂公慷慨捐貲以任厥事焉觀旦夕之有此樊雖然賓館之設徵古衢室及總街

之庭厥幾此人猶三代宜道則質証獻蒸不無
補於當事耳今乃掘衣而入斯館者知無赤舌
燒城操必不可欲以干上聽者乎稍不唯阿相
承則輒譁然曰自有肺腸也虩吐水卞豗而活
之吾謂勢炎易滅獸困必鬥刓心嘗羹也是非
而以氣持黑白而以情掩不有彼蒼在也濟濟
多士吾愛吾鼎彼一剌懷中漫滅而不肯投者
果何人哉乘上之倒躧爲悲色以乞憐徼餘波
而自潤至使相戒以陽鱎鄙之則無寧餽壓而

尉見猶有餘適也此吾與縉紳先生及多士嘉
者不然館之設胡爲亦甚孤此室矣

改建學宮記　秦霑　邑令

余爲德化之明年壬申十月移建學宮於城西非大洋山之陽又明年九月成先是縣堂與學迫在縣治之東褊隘卑側士亦數年不振余始至謁廟之日諸生有以爲言余曰理固有矣而財匱民急可遽興此乎頃官道以環民俗漸舒諸生復以請余曰可矣然群情未稔於是謀之

邑謀之野咸曰願與吾成於是請之府請之司
請之院咸曰允於是相土飭材鳩工慮費地取
山麓之槩於官者而市民田以廣其不足旁益
凡一十有二用金一百三十六兩有奇木取巨
桓之槩於官者而市民之栽植以補其不足公
私之數凡三千二百株用金三十九兩有奇工
之所需有木工石工金工塼瓦之工塗墍之工
設飾之工凡六等累其直用金八百三十一兩
有奇而所出則鄉先生與博士諸生一邑好義

之民居其半官因自以地斥買以由輸佃以他
役後期贖免者居其半而其素在於官及小民
之各以其所產樂輸者不與此數程其日自營
始至落成恭年而畢迨已成而加密之 授至予
不得而將其終矣學固有可今遷是亦舊制之
一新不可以無記則巳乞之於大中丞陳公學
之尊經閣是昔已無而今益也尤不可以無記則
巳乞之太史黃公規模制度亦既有名公以紀
之記錄矣而輸財以贊役者衆之力也不可使

迹無傳而功不著是余之責也故別為立石以
列其名氏嗟乎學之遷余嘗閱昔之圖之三十
年矣而事卒不果今迄底於成諸生其聞風望
已關乎末也夫學非成之難士之識難之以器其
業難士匪徒業成之難要以不背聖人之教難
彼昔圖之而未能諸生莫不悵焉觖望今幸以
成有司濟之費褰矣有司不憚勤衆以為士不
將於士有望乎民之力亟於財也常徘徊慮不
時又令莫為督之舉欣欣焉相勸以自效何也

以爲吾邑之才由此而興也則無敢靳焉一邑
不靳捐已以爲士不將於士有望乎然則學未
克遷望在於士而難在人學既克遷望在於人
而難在士今天下稱人文於藩者曰閩於閩曰
泉德化泉屬也舊常以遐僻自狃今學之新正
諸生術業一新之會也而欲答上下之望何足
以難之諸士其自此奮然自新其業以遊於聖
人之教以顯於天下而共成泉之盛矣乎則非
徒爾士昔日之志不虚而余他日亦與有光榮

也故記贊役者之功而因述所記以告我多士

射圃記　許仁 邑令

盛世以禮爲治禮備治斯隆矣然禮有重而似輕有緩而實急者禮射其一也曷爲重且急也成德教化於茲乎繫故虞廷聖謨用侯以明殷學曰序明倫攸賴大射賓射行之於上而鄉射則行之於下君臣父子之鵠異取人別士之權懸蓋於此焉觀其德也故懸弧矢於男子始生之日載其說於儀禮戴記之中文義教於小子

入學之初古道明於夫子傷時之嘆豈不以武備之設惟力是尚德化之崇禮文斯舉雍容揖遜於周旋升降之時不怨勝己者而立飲之際庠序之彥依希乎克讓休風堵墻之觀駸駸乎見聞習熟於尚德之美上而備郊廟執事之選賓興之舉以之下而德教式成以罔不遜之行則燕則樂無窮夫胡可厭忽其煩縟乎而皇帝以育材觀射是亟命儒學悉延圖以習彬彬乎成周之制宛然復見豈非以五禮之大著之令

甲而已哉聖賢相承之盛聲名文物之懿超越
百王也固宜德邑射圃久廢士志於材藝者罔
攸於習乎莅學吾詢閱其地莽焉荒茅亂篠且
缺周垣之界凝眸慨焉乃芟乃薙乃垣乃白大
文宗赤城高公獲受成命爰撤滛祠式建觀德
堂於其北以間計者三堂之東西各翌以屋其
間一堂之前甃以臺臺之南爲甬道其廣踰丈
其袤亘抵横道延至坤隅有門焉其楹則六扁
曰射圃門堂與壁黝堊隨宜北塹山麓西削圃

庠東築脩墉南餙故垣道旁植以杉松檜栢規
模整整經始於己丑季冬之望落成於庚寅春
正之晦督是役者耆民郭世瑞也又置器物適
諸生之游息仁詣焉偕署教博士蘭江童君璞
閱之令遐邇之民入而觀焉諸生陳禮樂之具
習禮樂之比志必正體必直弓矢之持必審必
曰必期其中以底德行以敦禮義之俗德人僻
居深山性頗淳厚重力本而輕逐末庶近禮之
本矣婁罹兵荒流亡之餘耕商其地者寡民駔

倫殆乎爲俗漸澆漓鬭狠健訟禮義之教奚容後乎嘗徵民庶之趨侍者拭目節文亨嘉之會傾耳讚誦詩禮之和愛慕於中抵摽於外有不自知者何居職矣正宜審固之德威儀端肅之容觀其天也否則懸弧剡矢治睽以威天下世泰時豐奚事此哉然天理非外鑠也天下之道由於性得之於心謂之德體道有德則本然所得之大德全也自然禮儀卒度而安矢發中的而儔成已感人懿德之好夫人天機之自動乎

諸生其無忽之其懋進之以副聖朝建學養士之深意斯於身於鄉於天下之治豈曰小補之哉是為記

丁溪書院記

德化賓温陵西鄙之北嘉靖丁未春天官三南緒公來宰是邑公之為政也簡廉惠和而不倦故未幾而人阜功成於是葺紫陽書院搆鬱雲亭漸復古義社學燦然欲以天下國家之志盡施於一邑也其復建書院於丁溪之上將群多

士而親敎之一日邑博士方君協邑幕尚君鄉
官郭君生員李子葦過余而請焉余嘆曰善乎
人文其有興乎方公愕然問其故余曰君其未
察於地之理乎夫五星之精照於天發於地而
人資之以生也毛黑皙長豐瘠之形莫不隨五
行之氣而異矧夫聰明才智之稟乎吉州之東
有山斜平如仁字名曰仁山劉氏世居之自文
節公而下賢哲輩出皆以仁厚稱德化之有丁
溪亦以縱橫似丁字也夫丁於五行爲火律曆

志曰明朗於丙火盛於丁也邑乘又曰水流于
羅蔣纓則人知其文明之應久矣然自林揚孫
登第於今落落不可多數豈地獨毓靈於此鄉
費緒林揚休之興也一夕雷雨水決溪形見常
將叶詠云地脈曰丁派溪之應其明矣嗣是則
荒蕪湮淤比之殘坡畢湫而已烏足鍾靈氣而
發清材哉緒公深明其理於是濬其泥而導其
脈被其蓊使列巘呈奇衆流會深從而闢以書
堂左右齋房數十處居學者堂則時講習焉夫

一夕當兩尚能伸汩沒爲溪之光緒公繹其源流復益以道德仁義之澤清和之漸貞淑所凝將不有以演嫡派之傳而吐龍光之秀者歟君其試觀之哉方君喜以語諸從學者咸翩翩然有駕空凌霄之志謂溪之名館之功緒公之德得余一言而赫然於寰宇之內不隨將而與滅是烏可無言以記耶因次其事登之於石而附之地理志爲邑後之作者其尚徵於斯文

惠政有成紀

刑部員外郎　鄒經邦　仁和人

惠政有戚者令竹崖許公之令德化而民書之也見任則不書此何以書以見濟院則書也濟院者何存恤孤老國之憲綱公之有事也夫存恤孤老者於令甲月餼歲稍寒有帛燠有絺此常格也常何以書他邑其常也德化其創始也邑處邃谷間創舉哉藏前令以其羨也而行之太倘徽公百年亦曠典耳烏得而無書且夫藏者限銀穀省力役寡里甲薄征發如何其人能改作也當縣宗門之東故為龍潯山阯曰慈濟廟

非祀典也公得而正之所謂仍舊貫也而又何改作焉然則公之往著亦多矣里之塾射之圃肄武之場瀧溪之開與夫鄉賢名宦之祠育嬰院皆興也他則何不書問讀唐虞爲政史臣贊之曰困窮無告不廢文王治岐孟子稱之曰鰥寡孤獨必先則小民之情猶然也於是以其言告於庠陳子名伯容周子名瑚因學博黃君名輿以告於仁和邵子邵子曰夫仁者其存之肆其底也其施之靡其邇也由溥施濟衆以至匹

夫匹婦之所不能盡而必覩如己者蓋有德焉
天之化物也本以並育並行而蠉走蠢動一或
息焉天無棄功矣地之變形也本以生長收藏
而摧殘夭折或遺焉弛非厚德矣司牧者亦
猶是也既以求牧與芻而得之而必覩其疥癬
察其肥瘠俾疴疾痛切於吾身然後政事有
成而瀕雜可致諸福可臻豐年可介庶官可敏
教化可成登人材以厚風俗明禮義行王政以上
企唐虞有爲如斯而已矣若是題吾儒分内事

而公何取必於青之哉公名仁字元夫故同里
閈且聯姻婭其聞道視余為先茲任世細而窮
閭大而遐邇明而臺察親而僚屬合並同詞可
無嫌也乃若學博而行正守約而執義生平無
負顏之心而通貫有契道之言則鄉評右之所
在歸之而茲邑之名宦當不可闕存劉可遜也
送記

重建學宮記

治之所先在學校而學校之作新惟其人能作

而新之者可紀也爲侯作泮宮詩人必修誦歌
頌千古一日德化自宋元至我朝兵火非一次
賢令佐繼脩非一人歲久浸壞而文運稍塞丞
治癸亥尹胡侯視篆之初謁學謁廟視宫墻弗
稱撫以快其瞻惻人才未盛慨然以作新爲已
任僉謀遂舉鍾君公道司訓陸君惠皆欲爲所欲
爲其費成之乃許公帑之餘以狀聞於當道允
所請遂擇生徒林心入等督民林宗源等董其事
爲材治工易文廟于左塑繪聖賢神像兩廡峨

門櫺星門從而改焉易明倫堂于右兩亭齋
號膳堂橋門視舊制有加倍以丹堊翼然巍然
靈臺甬道甃以石繞以垣至于射圃祭器之類
靡不更新經始于弘治甲子春落成于乙丑秋夫
爲政之趨向貴治其先而急者使不知所務則
所行皆末也今侯斯舉在一轉移之間不惟聖
賢神靈安所棲而師生又得從容于講受之地
士因侯之作新業其中者日刮月磨各相淬礪
窮之所讀者何書達之所施者何術亦能潛之

神秀挹丁溪之瀍清科地聯輝以古人自期待景行先哲蘇伯承之賢林揚休之政不得專美于前矣此侯之所以望于諸生者抑豈非諸生之所以願學者乎侯名潛字孔昭績溪人

明倫堂復古記　吳從龍

德邑隸泉舊矣文廟明倫堂與縣並立於時人材輩出代不乏人厥後司學政者眩於浮議謂明倫堂寄邇民居公私匪便遂移之文廟右而人才始弗古若嘉靖乙未穐東蔡張君洋來訓

是邑閱二載乃奮然諗諸生陳石等暨諸耆民郭天德等曰人才盛衰係氣化之升降氣化有未淳者學校之失其地也盍所故址閣回元氣余願捐俸爲君邑倡僉議厥舉欣然告邑者爾旅遂命工改作堂齋號舍惟舊制是循而於前門視昔尤廣焉其爲邑之文士謀者宏且遠矣嗣是桂林秦君㬫來教是邑亦樂捐以助之庶子春豐城熊君世來令是邑凡張君所未備者亦竭力以贊之噫是舉也張君倡之秦君熊君

相與成之學校之復其舊則氣化之淳人才大盛之機於斯肇矣張君等之於氣化默有轉移之功邑之士他日而科而第寧不知所自耶改仍於己亥春落成於庚子穐余與張君偕忝師弟誼乃記其本末云

平寇碑記

探花黃養蒙 南安人

德化泉之屬邑也依山爲固舊未有城先令鄧君景武始議築之經始之初草創未備規制失於低薄民守病其隘湫居於中者凡遇警報

則危懼之甚已未冬衛拔張侯來位茲邑作與
人文惠愛百姓尤以城郭為重從而改築請客
歲辛酉春余將命南行道經其邑見其造月城
營敵樓崇堞浚濠視向益堅年來倭寇匪茹六
邑咸受其毒而德化獨幸安堵者以侯恩威素
著與其城堅而守完也迨夏五月永春蓬壺呂
尚四等乘倭倡亂鄰比之民脅從者不可勝計
遂劫質其縣新尹及泉衛王千戶假以就撫為
辭而殺我師賊附日衆聲勢益張行畧都鄙私

相部署是月癸丑遣兵鹿畲董率衆數千攻我
南安新城戰於九日山賊敗夜遁復保尚四以
二十七日丙辰悉巢入圍德化縣時張侯飭守
備振兵威分命教諭李君華嚴於巡守而自統
兵出擊西賊戰金城寨斬首百餘級東賊窑頭山
斬首三百餘級次日賊以竹筏雲梯天車四面
攻城侯以大銃毒矢擊之賊又取草數千束紮
爲火攻夜則縋人於城外以炬焚之仍遣兵奪
其所據橋斬其鄉道俘斬賊數百復出兵車與

戰城上鼓噪賊衆奔潰其黨尤萬化等百餘人
棄戈就縛斬不忠以報効時六月庚申也侯料
賊必退保逢壺將乘勝追勦又以二質在賊中
恐爲不利乃募壯士夜取以出釋尤萬化歸爲
內應翌日身先士卒直擣賊巢殲主書王渠騰
呂尚四輩二百餘人生致黨魁趙天麟張時睦
等百餘人其餘脅從者並釋歸家完師凱旋則
是日壬戌也方尚四倡逆叛者響應其心非止
於一方已也計塞金雞之水截洛陽之流斷山

海寇數以坐襲泉又慮德化之攝其後也故先率所部狗南安而身圖德化于時郡邑驚動莫知所措以一德化居民不滿二百官兵不滿六百欲求外援則比邑之令與握兵之帥既已藏執當道者意在招撫專城者圖在自保向使非決策破滅攻焚巢穴則賊勢蔓延竟莫誰何非侯之威望素隆心思舊又安能以小為堅以弱為強也耶是逆寇之平非特一方之幸寔七邑之大幸侯之平寇匪直貽於德邑寔七邑永

賴之奇功自是永福上杭群盜幾至其境即遣兵勦捕靡不聞風逃竄而四郊之民依城為樂土者又悉區處官地以止居此撫字之仁與干城之勇侯之所以並著而見稱也信宰是邑者而皆侯其人焉又奚賊寇之難平哉方今天子軫念元元薄海郡縣尤加之意撫院諸司咸獎侯之功而上之行將倚侯以長城之寄矣德之鄉先生陳君石林君榕李君景春吳君天祐張君紳暨生員李子珝涂子允聪鄭子絅輩以斯

邑士民荷保障之恩而思所以彰侯於不朽乃謀諸耆民鄭元亨等備述其偉績請記於余余既稔知侯之賢又嘉其功而幸吾泉之並沾其休也迺不敢以文辭而敘錄之云侯諱大綱字立卿號爵坡廣之龍川人由鄉貢進士爲今官典史胡君文章碑亭工力重有賴焉均并書之

始建聯霄塔　　蔣德景

朗寧林侯莅德之三年而鳳翥東始有聯霄塔云夫塔佛之所謂窣堵波也稱聯霄者右儒也

古嘗有西南兩峯玆稱始著湮久復興故美而始之也志以龍魚鳳光而譽髦翔之曰水流丁羅簪綴以是侯首建塔次濤溪溪滔下有尾矣特書塔者塔重也侯捐俸百肆拾餘百爲塔四十爲溪而塔力鉅仍募三百佐之而溪則塔之餘塔落成署諭孝廉王君帥諸生謁璟碑之按嘉靖中邑有緒侯建鴛雲亭於龍潯峰與王道思先生記其勝以地靈爲人材之幹而璟家大人令江山時嘗築九清鹿溪二一樑及建牙潯北

亦有起秀塔之役其意與林侯合然竊以爲人
才者士之所自砥山何權焉天有所域人自縻
然而愛之其間欲以意與之衡又不能移山走
水奪胷陋而聳以菁華則其勢不得不哄而崒
之有司有司之權行而山川之權遂輕然而非
負循吏覩其子弟苦吾堵芝蘭覩其山與川若
吾凡筵間物而必爲桐鄉樹千百年不朽之舉
則亦相與晏然坐以聽之而已吾郡文獻甲四
海獨德化居萬山中自丁冏卿以秉銓顯鄭計

部以清新著他如李郡丞諸右姓人文彬彬鵲起議者謂於方值巽宜筆峯若戴雲五峯繡屏之秀可攬也若丁溪者故脉自在於宋時一夜雷雨篆溪爲丁，茲復混壅兩者實待侯而辦侯乃身肩之不煩公私決歲而告成今試梯鳳翥之巔而望澄藍如練一縱一橫者溪也蜿蜒屬於塔之麓者雲龍橋也與浮圖聳然相峙如龍之變頭角而出者駕雲亭也實鑄鳴風水雲蔚頂若唐人所詠鴈塔曲江爲一品白衫題名

宴樓之巔而遠近之邑亥以其秀環而映者九
僊諸名山也於戲其不諱與史所稱如辰陽長
宋均蒲亭長仇覽率以興起發序爲務而名允
在南陽行視永泉關通灘瀆起水門提於各數
十處林侯有漢循吏風也哉侯潔脩嚮然術塵
家世令譜稱廉能而長公光第讀書器中結所
發解得作興之教良多余且拭目人文之繼起
也塔始于癸亥七月竣于甲子五月高八十餘
尺闊倍之凡五級翼以扶欄中層爲堂容數十

榻查盤鹺司李祈公彪佳嘗登而留詩甫告成而
元式賴君聯登兩榜儘為翀霄塔之徵應云俟
諦大僞號惺非而粵朗寧人由鄉薦來令德邑

化龍橋記　陳　遷

德化邑治之東有化龍橋五季時已載于清源
橋志則橋之作久矣歷宋至元尚完固明初猶
然後有坊民附橋而居惑於術家言邑忌其不利
於居常陰毀之故洪流從而崩壞之則所存者
獨遺址耳役大費煩後人莫有倡興復之舉者

民之病涉者多歲月矣景泰天順間邑之耆民
德茂董欲爲民舍涉而徒皆有志與復之惜乎
罔就緒而已至弘治庚戌歲德茂之子曰宗源
欲成父志以白金數鎰爲首倡縣典幕劉君謬
教諭陳君愷泉州衛旗屯懷遠將軍馬凱福全
所武德將軍蔣元啓各捐俸以助之故邑之好
義者福塘陳晃桂林賴琛致仕知縣留成照磨
林敬東西團鄭禕下湧郭元旺坊郡鄭旺董無
慮百餘人皆克屯德心不吝所有以左右之毛

聚塵積而爲五十餘鎰迺選有材幹者林崇林廣林庚鄭紹六林清鄭明德周濟涂山諸人分理其事運材於小浮石於水及陶瓦磚鐵之務而宗源則始終總其要領也經始於庚戌秋畢工後二年壬子秋九月凡兩期歲而功乃成邑人重其事故承澤黃先生延魁以吉豐司訓致仕家居與其弟義官廷守爲之立石以紀功而以記文請於余余聞昔蔡忠惠守泉作萬安橋於洛陽江後世王臞軒邁題其祠壁曰欲知公

之忠須讀三諫詩欲知公之惠須讀萬安碑王
梅溪賦詩亦有真是濟川三昧手清源遊戲作
虹梁之語今宗源一布衣亦能如忠惠之用心
成事如此焉知後人無有如瞻軒梅溪之永嘆
者乎又聞此橋當德化要衝之處而邑之山川
氣脉未嘗不關係焉方其完壯時而生齒庶繁
四境鷄犬相聞衣冠文物若林揚休蘇總龜蔡
邈朋諸傑接踵而出厥後頹廢則生齒文物亦
因之寥落今橋將復成又有白袍曰林真者破

天荒而起繼眞人文未可量雖云物數之有定
然橋亦不可誣也豈獨一時利涉之功而已哉
是用爲記

重建化龍橋記

德化古誌稱龍潯有溪發源于龍潯深處經縣
前而之東有一渚自南東會如丁字故曰丁溪
往時惟厲揭焉弘治庚戌歲坊隅耆民林宗源
林康鄭旺等憂民之病涉募衆金築石橋六間
搆亭于上貴之以彩名曰化龍橋邑人永豐司

訓黃廷冕嘉其績徵文立石以記之嗚呼休哉
不幸數盡於嘉靖壬辰樂寇者慨岸全功盡畀
煨燼中矣邑之士民無不傷心龍川劉君晃令
茲邑前首事鄭旺偕林春林鸞等以鼎建上之
令曰俞復授以經營柄會延魁子天球由國子
生授廣東臨高丞途經之任悼父光之湮見其
舉曰都因計貲劉君令掌教南海黃君與司訓
東莞張君泮捐以己之俸黃君天球脫以行之
需鄭君令等助各若數而纂築樂施者又百餘

人裁乃備遂命曰授徒選木陶瓦琢石以致用
經始于癸巳年十二月延乙未年六月方畢務
拆費五十餘鎰者皆取諸斧但見縱瓦塗墼枚
枚其茨疊石積此不貲貲其址長二十六丈旁之
欄檻從其所長內之卌體遍于旅楹規模制度
多于前功落成之日官民咸稱快焉越三載黃
君天球歸與公遊於橋覩而有邑喜作曰橋成
矣公之功不幾于前人矣吾先君于康以脩繼
而不落球請捐貲鑄石裝大其事以續吾先君

予余嘉而嘆曰橋梁乃王政之一事寔爲孝思
述先之殖財貴能振施宜好義若之必終其事
有子考無咎宜爲後者懷幹蠱而不忘劉君覍
笑陋溱洧之濟爲輿梁之脩可謂仁矣鄭莊等
貨不必藏己力惡不出于身可謂義矣黃君天
球傳施用勞前功不沒可謂孝矣一橋立而衆
美集斯石也備以範世也豈徒紀功云哉

建觀聖寺碑文

長林桂侯之涖吾邑也仁風惠政沾溉閭閻其

更新耳目而希然卓犖者不勝紀也紀其大者
教養參而給以往教醫療而濟以藥餌館以
延士夫祠文昌宮巽塔盤泮池於櫺星門內以
作興士類築春內塾華民失豐斜祭葺城隍以慈
神人又甃龍津鳴鳳兩橋以利涉道鄰亭山
川草木煥然爲一改觀而最要在于建祝聖寺
共祝聖何傚乎詩曰虎拜稽首天子萬年臣子
戴天履地無一日不願效于君無一日不嬉茲
于君然崇高富貴君自有之惟有指南山而稱

壽效忭舞而嵩呼稱足表臣子之慇衷而覲謁之所由起也侯于黌序故址更恢拓之從中設世尊廟貌巍然丹堊絢然兩廡軒爽翼翼然歲時節誕辰率僚屬俯伏遙祝于其間天威不違顏咫尺敢隕越以貽天子羞朔望約士民于衙下宣解六條俾得暢其意士民無不翹企而聽注曰侯敎大體也誠忠君也惟忠君故為君愛民興作之役不費民間一錢子來者日饒以侯故趨事易而成功敏又以作事謀始永終知敝易

道也立僧綱道紀住持其間而縣以田經畫規制出自焦心其計長久類如斯于是邑人士與鄉父老謀立珉以垂不朽而屬言子予不敏無能爲役然竊聞之民好佚矣非常之原爲黎民懼矣何侯一規作而衆欣然景從若是誘之以在三動之以固有安得不翕然而向化哉吾因是而知侯之夙于教也方今聖上富春秋綜覈吏治師濟在列旦夕應推轂車與諒必有建大議策大勲不動聲色而恬然與民被照

濡者吾邑其端倪耳故檃括其大以登諸石

倡脩學宮叙　　　　和鹽鼎

學宮之設其來舊矣自宋迄明代有脩舉
皇清奠鼎首重師儒特遣官致祭
先師孔子勅諭天下春秋饗祀不忒益以敦崇文教也脩廢舉墜則尤有司之責矣丁未仲春叨
受
命爲德令夫德邑泉郡屬號名邦所有學宮宜乎振飭增脩予入晉謁僅見

聖殿巍然其餘門廡暨諸規制無一有宮垣圮傾鼓鍾俎豆之場變為牧坰愀然者久之能忍而不問乎有復于予曰昔也廟在城中後乃卜築于此壯麗甲郡邑兵燹之後紳士竭蹷營構惜有志未逮也而予年來日事錢穀不遑寧處今秋適自籐歸岔歷再造之思雖時事孔棘物料工資惟艱惟茲紳士有志慷慨任事必無不可成之功今進士李老先生明經賴君庠生李飛張其羽等合成其議原有前功留存之數暨陳

學師捐助約三十三金堪以幸先予雖不敏敢捐薄俸三十兩佐之其可與慮始矣亦思所以亟成也夫慮始難圖終更難得原始要終能任其事之人尤難且事匪一人足之烈惟望戮力同心矢公矢慎好義樂輸各隨其力共成盛事使煥然改觀則予于士君子亦可少告無疚於
朝廷崇儒之意矣興門文運丕振事業有光又豈曰小補之哉是不可不亟爲圖之

重建儒學公署序

朝廷因勝國之禮而損益之凡所以化民成俗之方
與治設教之具一本乎前典而德意有加是故
五經取士則
聖道彰明黌序育才而
廟貌巍煥俎豆春秋絃誦朝夕彬彬乎質有其文
教化興於上而風俗成於下此唐虞三代之治
猶可復見於今世者也而董率提命之功則師
儒之職爲隆是故左右陪侍有所進退周旋有
地函丈著乎禮經而北面尊其體貌以考古今

以肄禮樂而要期于淑其子弟則學齋公署之
堂誠講明義理之地而尤風俗教化之所從出
也予承乏茲邑甫至謁
廟見一殿僅成四顧茫礫朔望造請先生之廬則
僦居民舍賃廛湫隘詢其故居知前朝有署聯
在縣堂右近遺基猶在而茂草荊榛莫之顧惜
良用憫然竊以廟貌尚有闕畧未遑及也今修
治數年矣門廡已竣垣牆粗立丁祭禮畢之後
有諸生僉呈以復建學署爲請屈指兵燹之後

則已廿七年于慨然曰教化不可一日墜茲論不可一日弛此風俗禮義之本而廢墜一若斯之久獨何哉然吾聞

聖人之道與

天地日月同其悠久而時運有否塞亦如晦明薄食不能無及其更也則開發昌明昭回爽朗使人心思耳目倍爲豁然故

聖道時小替則有大興此亦氣數之常也況茲榱桷几席土木器用之具人力之所爲能保其無必

廢但廢則復興興則溢美于前茲亦存乎其人

耳予讀縣志知龍潯有書舍丁溪有書院各鄉

有社學當其時比戶誦聲詩書之澤謂如也此

非賢令長之爲歟今其廢址遺基猶使過者低

佪躊躇顧瞻而不能去況學齋公署絳帳之所

施而

朝廷德意之所先乎旦予昔在諸生朝夕執經師長

之側登以一行作吏此事便廢覩諸生之落落

晨星而無所聚首忍乎哉興建之事固予之責

也夫周子之責也夫抑詩有之曰經之營之經營云者籌度拮据一厥心力之謂也今先生既毅然竭其俸脩以首厥工而佐助必有人董役必有人奬勸必有人爾諸生毋曰吾安受其成豈繄諸生即爾後生小子之有志與若者爾頑德懦懷好義之民樂其子姓兄弟之薰陶於美俗也者皆可以有志於是舉矣仁人心也義人路也此仁義之門而人心之所同然也予也將聆絃歌之聲以自解於瓮牖之笑矣

范侯德政碑記　　紳袍士民公立

龍潯爲邑山則北洛南劍水則東瀉永陽多峯澗壁磴民散巢之壁里不盈十糧不溢萬而力勤崇儉風猶古也寅卯之交海嘯群飛刼燒過地越丙辰河伯洪城湮宅民之流離瑣尾幾無孑遺丙寅冬季逢我侯來蒞茲土天固將藉手于侯以大造我德歟侯蓋粵東華胄少擬巍科而鴻才清節留心于民瘼者已久甫下車即疏

講

上諭勸讀課耕士農蒸蒸咸有起色至其聽斷盡本虛公徵課悉捐耗供禁溺女而掩枯骨繁種植而弭萑苻刊邑乘而設常平舉鄉飲而興義塾築橋梁而葺敵樓繕堂廡而建賓館皆俟于三年中切固本之慮竭拮据之圖次第舉之不殫民力而畢乃事者也厥功偉哉今邑之嚣者靜勞者康而絳帶者盡犢犁矣執經者擢奎璧矣雲亂煙丘者遍綠稠矣鼠牙犬吠者鸞翔虎渡矣塵封苔蝕者梅樑文礎矣夫且雨暘時若蝝

不入境禾穗三歧矣噫侯之為邑者不遺餘力民將何以報之夫縣花門李庭栢郊棠銘于心碑于口者未足以埀永久其紀之貞珉乎亭亭片石當與戴雲層寸濜水咸丁同其恩澤云

修建縣署記

謝青鍾

德邑耳規制他無足述舊惟縣署及學宮巍煥之觀殆與上國齒載諸邑乘詳已雖華聞山寇一炬盡成焦土縣署之重建戊子歲王邑侯梣實始經營然聽事之堂僅立四壁後宅前樓

滌且粗具而巳曁今因仍遂成舊貫至甲午再
變而寇擾甲寅再變而海踞丙辰夏天吳之波
又從而飄蕩之弃所謂四壁粗具者傾頹腐圯
駸駸乎不可復問矣玆我父母范公世胄名科
學術經濟雅有淵源康熙二十五年冬膺
簡命來涖我邑慨然以維新百度爲巳任始而綱舉
繼以目張如指流移勸農桑剔蠹弊化抗頑讀
法課藝興學明倫凡所以整躬而率物者無非
本經術爲治理出精明以渾厚朞年之內蓋至

幪帡萬閭百里盡登袵席矣爾乃捐俸庀材鳩
工覆瓦初葺署之正堂次建堂之兩廡次修燕
樓次設常備兩倉又次建福德祠以寧神而賓
賓又次建贊政堂廨佐員以相助理庫司架閣
舖屋獄堂凡昔所有莫不釐備既塈以丹湧美
而交荒陋因而改觀士庶於焉生色深山父老
捐杖來觀戚懽忭感嘆共謂前代二百餘載隆
盛之規廢幾五十年所矣不意今朝復見太平
景象湧我邑

國朝以來一大勝事而不勞民不傷財不三載而告成功何侯之仁且能也夫脩廢舉墜不失舊觀古人一燕息嬉遊之所猶且載筆金石以傳不朽況茲奉法蒞民地也乃達蕘父遊此盛舉上爲國光下與民行是不可以無記於是紳士僉謀黎庶同心爰紀歲月壽諸梨棗異時禮明樂備俗美化成行見吾邑風教日上又豈特縣學規模徒齒上國已哉記以爲之劵

三瑞記

范正輅

粤稽華山之千葉蓮東陵之五色瓜漁陽之雨岐麥莫不稽籍稱異至今傳爲美談若夫春蘭秋蕙古閩最繁茄著崑崙由來已久要亦在花畦蔬圃中率其素質以娛目適口已耳至禾爲五穀之長黍粒之原祈歲者惟應方苞不實追脊望爲若夏則同本異穗若商則三苗共穗若成周則二苗亞秀遑遑僅見於三代他如吳興之禾同穎後人因以名其地亦可以知嘉禾之爲物貴而不能槩見於世也審矣矧德邑屢遺

兵燹鞠凶薦臻時或海寇嘯聚刼焚時或水澇決城湮宅人形鳩鵠地爲蕪莽余自丙寅荷膺帝簡來涖是邦惴惴然冰兢自矢而且招流亡卹瘡痍飭游惰勸農桑之不暇詎敢侈張符瑞猥云與邛州赤縣比類哉越今己巳春晚蘭盛放花從葉生並開兩朶夫蘭之幹花之蕚也葉中吐華異矣至夏則蔬圃繁育平頭相告曰落酥一蔕而四結子余聞茄之在隋也則爲崑崙瓜而紫茄則又傳自古太守蔡公之所植未聞四實

之征蒂也又異矣兹者灘塲之僟萬寶將成既
無旱魃蝨蟓之災穫有堅好穎栗之望忽於邑
之南郊有一禾而生二穗者且有三穗者又且
有四穗者士民驚喜手折奔告謂嘉禾之名不
得擅美於前也更異矣竊思蒲之樹以季路也
河陽之花以安仁也彭澤之栁以淵明也巴東
之栢以萊公也迺今之獻須者曰德之三瑞秀
蟲龍浡香蒸鳳翥即所以紆天寶而耀地靈驗
休徵而象懿德也余不敏烏足以語此然亦不

敢没草木之英而忘嘉榮之兆也遂令繪圖以

爲之記

德化縣志卷之十四

文籍下

登鶩雲亭

幾爲塵忘撇提行旌謾向風亭一振纓山色遲遲春色
好溪聲爭似鳥聲清望中煙樹千千村曉吟外松楸萬
古情得到上頭須着意要知滿眼是蒼生

其二

昨夜江川雨浥塵煙雲太似畫圖真溪山自有天成
險花木何須鳥報春題不盡詩因景麗耕無遺地爲

民貧武城自古多豪俊爲有弦歌次第新

其三

樹杪樓臺墻角雲溪山城郭不須分橋拖虹影中流見煙帶鍾聲隔嶺聞萬疊峯巒成保障一川花柳自廻文春光到處人知惜野老扶犂到夕曛

題鶴雲亭　緒東山　縣令

新作危亭號鶴雲看來幽雅足三分開花鋪綉千山映静夜鳴鍾萬壑聞遠眺嶽煙連海角仰扳霞彩近天文不妨公暇時登覽幾見遊人醉夕曛

鶯雲亭遊集　方繼濤邑宰詩

喜向山城建一旌華亭日暇會簪纓花粧春色晴偏好風引松聲曉更清雲履逍遙靈運興江湖悵望仲淹情登臨每囑樵和牧亭外休傷梧櫝生

其二

樓臺風靜不生塵夢裡看來今覺真望外雲山千古恨吟邊花木四時春興在不憚星辰近道在寧知祿俸貧更喜栽花人復作設看桃李日增新

鶯雲亭

危亭瞰碧虛　縹緲青林薄　坐久人不知　衣上雲光落

其二

絕搆臨層霄　虛窗盪元氣　晨興蒼莽間　諸峰在平地

重題鷹雲亭

百里桑麻雨露同　溪山無地不春風　東君若問春來
處　盡在門前桃李中

遊鷹雲亭　　施汀

雲亭百尺倚長空　億兆蒼生滿眼中　積德行看興禮
樂　崇文會見息兵戎　千山綿亘儼靈集　一水流丁秀

氣鍾喜遇昇平清世界不妨登眺與人同

醒龍

高閣鐘聲應地靈睡龍今日聽應醒即看處處皆霖
雨頭角崢嶸滿帝庭

題妙峯庵

清明好箇養花天手挽藤蘿拂石眠竹葉無多偏美
影松林雖小解藏煙雀雛久立聽僧語蜂隊重來結
佛緣獨立山頭一長嘯雞犬隨我盡升僊

端午泉　　柳德驥

有箇靈泉在翠微我來問訊水方肥盈虛默順陰陽氣消長先知天地機金井群開渡有穀銀林冷逼石生衣浮名不直一杯水滿酌甖餅拂袖歸

端午泉

來此逢端午山巔爭亞肥盈斷觀井脉豐歉識天機飢辦一盂粥異供百衲衣袼綠磨不盡纔到又懷歸

溫泉

陰陽炭冶天地爐融液好長人間無木酸火炎兩不用清流自沸跳明珠何當揚波激滄溟天地不許氣

發生何當斷波剪酷吏郡黎坐使心眼明堯舜君民
均一視匹夫匹婦皆使被洗除煩苛不擇地奚止一
泓而已矣

溫泉

山川何自起炎凉解使地中泉作湯地力若非神力
煖水源應有石硫黃喧波常湧無冬夏熱涵何曾歇
雪霜自古驪山有溫谷豈惟神女爲秦皇

遊瓊山　太學士　李廷機　晉江人

今日往瓊山山明過我扳朝來猶歷浥水去自潺湲

伐木丁丁響懸崖轉轉彎只緣山有約故愛野藤攀

其二

亦既至瓊山凳移爲榻巧園芋僧始蒸空粥人皆飽
此地縡然高諸山環更放胡爲細雨來祗使我心攪

遊金液洞　李延機

牟尼歸去久蛻骨在空山錫杖風塵表巖峰疑似閣
無人將舊鉢有客扣玄關但解此中意忘機心自閒

其二

老僧知我意指點雲山中人在圖畫裡日窮縹緲間

長風如有約樂趣白相關石座人禪定雨生半日閑

遊金液洞　　王真

金液洞天山萬重洞門無鎖白雲封龍光長現秋池
劍鶴夢偏驚曉殿鍾五夜丹霞明絕壁四時蒼雪落
長松飈輪風馬群僊至會送幽人出翠峰

陪遊金液洞　　李元定　邑士

僊眾住在白雲重石凳縈紆碧蘚封海鶴近御金液
餘山猿慣聽飯厨僮霞邊粲粲三花樹石上英英五
岳松疑是吹笙王子晉天風架上紫雲峰

遊登高山　黄麟 宋尉

上至登高眼界寬蜜陀僧舍富琅玕天雄峻塔凌霄漢浮瀉巍階鐵護欄虎豹巳回僊桃夢雞頭寧愧國香靄登臨登止黄花日川練常隨夜月寒

遊香林寺　俞元祭酒 叩一儁 天田人

性僻耽幽寂閑行興獨爽青匡一以眺紫氣若爲層樹暗晴陰散煙含夕照凝浮生無住着一笑別山僧

宿儀林寺　宋主簿 黄圭 邑人

公餘適興訪儀林休聽青蛙說雨深翠竹黄花新盤

若青山綠水舊知音禪盟藤縛默相契酒齊淵明醉
亦斟此至靈峰應不違肯容杖履護相尋

題太湖山寺（地形似船）　黃圭

一帶回環底處山勢如飛樺下平川須知欲到菩提
岸好是常懸般若船登上龍湖挺使倆宜從苦海度
人天與將音照如乘此無復髮巾撒向前

登高山塔　孫應鳳（宋尉）

憶昨慈恩頂上行合朝雙眼又增明磨牙高逼銀河
浪釋手常提玉珮聲鳳翥散光無障礙龍滯有角更

崢嶸脅身直向蓬萊去一片香雲足下生

惠政橋　孫應鳳

百仞崖邊有此橋地平路穩玉驄驕惠而知政今如此拈起橋名問國僑

連波橋　孫應鳳

橋前巧匠剪春羅橋上亭亭物景和明夜元宵一團玉連波還解似金波

将溪橋　孫應鳳

夕照斜陽柳外鴉杏園衰謝野人家欲尋春色無尋

處盡在情遊野草花

虎貢巖紀遊

月上山巔高雲行月跆忙樹影遍空白跡星避月光總非從者見不從意內盡聰明一此進境界因文忘深坐庭露滌山僧促迴庿鼓鐘奏天樂經行重山堂蔣戢動朝梵初日升屋梁佛心光見日林光洞八方細雨霏日中飛煙青逐黃出門遶山徑兩道交脩篁茗根千百个却於山隈藏徑深見奇巘云與戴雲望因之曳竹杖集伴凌高岡他年記此際風花帶天香

小春梅信課士日賦示諸生　　縣令金麗澤 武進人

仙老雲荒翠色沉一枝聊復見天心非貪日午烘情暖翻愛霜嚴表節深東閣詩家將有興孤山處士好徵吟莫言春色尚遲我看取清香次第尋

題虎巖　　李道泰 邑進士

誰削奇峰作虎蹲鴈山雲氣未須論猶疑委宛藏閟穴邨認與花藏去春坐不施蒲類聚葉從門逕石無穿筍數聲磬發空林杪茶罷僧床月照人

遊逢顏孝敘招遊虎巖　　李道泰

秋興在山不事招相逢其策馬蹄遙多因石巧行思
緩半爲林深談舌饒篁影疏將孤寺出野容淡把數
峰描擬同剪燭敲宵永不放空山尚寂寥

九僊雜咏　　李道泰

池接天河不住傾煙雲飄渺群星明僊人頂上簪花
落艷冷香浮削玉輕山有八龍池在頂池有午時蓮

中秋登石牛山　　李道泰

散髮懸崖際精靈長守壇朝華吞海日秋爽數林巒
雲柱龍三尺僧寮石一盤鑿空入縹緲登上已生翰

悲丙辰

李道泰

山城高臨谿暴漲每及趾不謂丙辰夏兵殘更厄水蛟螭鬪郭門狂奔如發矢一半入浩波哀如去荻蟻父見子在呼夫看婦沉委亦復戴屋行男女在床第悲哉波退後沉沙或露骴招魂同一聲拔祭並日紀更有全家浮誰泛一陌紙頗有望洋歎報施未盡是豈知冥漠中從無浪生死城東版築興取石吾堵圮避此流亡餘何須念故壘細問故鄉人入城俱非矣沙石積官道總無舊日市百處生數莖歷亂何時已

潯堤夜坐望鴛雲峯　　林汪逵邑人

高峰天際出抱月炭清池酒酌於其上詩成兼此時平郊烟火靜過岸鐘聲遲秋色瑩如鏡願持贈所思

遊戲雲　　林汪逵

古佛何人成鐵漢千年峭壁立青霄山因奇骨多雲雨草不知名半藥苗珠滴松花龍正睡泉飛瀑布嶺初潮鼓詩倚遍欄前竹細聽溪聲度小橋

鳳翥山　　林汪逵

鳳翥何年至茲山獨得名垂天雲作翼盡地水成丁

不與群峰伍自然環翠弁春風聲竹柏躡屐聽和鳴

丁溪　林汪逵

藏雲三十里到此聽潺湲筆卓蓊峯峙波飛瀑岈撇畫丁傳有讖折水鑿無痕文字光河洛凡流非等倫

程田寺八景詩存六　釋休耳

萬松峯

山門都學栽松境致無如此峰有日不茸蟠屈破雷一任成龍

坐禪石

路傍塊石何年樵牧從來打眠老漢無端一坐被人
嗔作修禪

長耆田

欲稱長耆稻名寺額因之姓程門外春疇兩足山山
布穀催耕

化身井

將謂眞身坐化至今猶未荼毘但看井水枯竭原是
尸佩落時

眞濟塔

好箇無縫塔子總非潭北湘南甚身了没蹤跡說甚

前三後三

梅花塢

短墻舊有梁亭在後園林不局只此二三老樹較他

十里西泠

登金鳧山 時乙卯歲中作 十五首存六　謝青鍾 邑舉人

便與人寰隔居然境非秦方知真櫃洞原屬信鄉人

其二

登高好問天恨無驚人句學得阮公哭也應掃雲霧

其三

古石樅靈氣至寶秘其中誰爲叩玉戶呼出白猿公

其四

天低如屋覆日月是吾游願此借長光照灼千山惟

其五

山城夜柝靜千家餘燄紅看出人烟火煖覺境腔啊

其六 山下高陽里

高陽古酒徒生平高山仰今日醉此鄉更在高陽上

翠谷觀大小龍湫　李 [illegible]

入山看雲水看瀑山水有意尋荒宿村叟指拂甕口烟蹭我紅蘭供野蔌相引沿流幾曲中攀藤絕壁不可躐溪陰無逕作橫橋樹深午氣變霢溗忽然破澌鬆空落吹浪怒鱗難沚自五色蜿蜒勢不停冷霧消人瀞及覆卷蛟迅飛潛循熬瀟瀟遠際動林木往往擘覽乞水縈風雨倏然飭聽逐大湫險絕小湫奇凌虎環抱背不蘊聲聲洞底散雷轟過鳥驚棲孤猿哭甕谷不數盤谷幽一片寒光沒秋竹請君領取滿甕雲間對長松白設謾

中秋遊石壺　李道泰

壺裡尋秋色天風拂幔亭藤條緣斷壁石級上青冥海浪蕩初日練光起逵垌洞門宛委處劍氣落寒星

虎巖

石棧蹬深古洞邃桃花谷口漾春煙鶴飛甚處消遊眼一鎖寒雲不記年

澀溪

楓枝柏葉換山容落盡寒崖晚後鐘宜是閒人顏色處都歸二十八株松

鳳翥山　方祚隆

汧穴飛來勢未停，碧梧高頂一峰青。蚣骨舉翮翔千仞，翹翹乘風舞紫庭。

金液洞　方祚隆

飄飄蓬垢幻呼工，骨肉相攜入碧空。金液洞中金液滿，休從遺蛻挹僊風。

上王燕朋父臺請禁鬻塚賣妻狀　謝青鍾邑人

竊以水源木本不離祖宗繼嗣承祧端由夫婦此千古之綱常與大地爲悠久孰意邇日以來世風頹敗祖骨宗骸同等豕之販賣夫恩婦義等萍水之遭逢目睹耳聞心傷背裂夫死者以土爲歸雖有路人枯骨暴露稍存良心者尚且盡力掩埋今有一等孽子徑將祖宗墳墓或尚四五十年或已百十餘年一旦鑿棺毀屍售之他人懦者或勉汝脣荒丘忍者遂徑投之狐鼠

祖宗遺骨百無十存又婦人從一而終縱經離
亂妻兒散失雖極忍心者亦且多方貿贖今有
一等愚夫經將結髮夫婦或尚恩愛未幾或已
兒女成群一旦生離死別賣之他里嬰兒啼女
哭於不聞較兵燹賊擄而更慘婦人傷心十嘗
九死嗚呼世道至此仁人君子寧忍聞哉先是
敝邑荒殘之後卒逢軍興旁午多遇糧派累追
又遭官府酷虐囹圄刑獄與死爲鄰不無一二
窮民賣墓典妻雖亦法所難容然尚事出無奈

今幸逢老父臺數年撫字百姓樂業糧無累戶野有清風爲此事者多係一二賭蕩惡少口腹無厭饕餮是嗜不畏刑法不顧廉耻稍貪所得徑行無忌而世開其死墳奪生妻之人又大半皆有力豪家或倚折而勢動或厚貲而利誘愚者不備遂入網中此風日甚今不論賤人下輩忍爲此事亦有故家儒族尤而效之以爲固然親朋族黨利人之賄則從而慫恿之約保地方受人之托則從而掩護之嗚呼不有仁人大加

禁遏將恐八里人家稍遇子孫破落則死墓生妻皆有不能自存之勢亦大可悲也雖窮措無力但念風化攸關竊按律例凡卑幼發尊長墳塚者斬無赦凡妻不犯七出之條而輒離異者杖八十況乃賣塚棄屍賣妻棄子四維不張禽獸無異人不論存亡千年尚有餘痛事不論子受一死皆有餘辜爲是致賈生之哭聊以興西伯之仁呈乞大發慈祥力祗頹蠱迅出明示嚴加禁絕尚恐風頹俗敗而從背遺弃乞勅各

社地方甥暨甘結并無挖祖塚賣生妻兩事如
有發覺罪與同科庶幾枯骨得以久存人類藉
玆長育陰隲與天地無極聲教垂奕禩不朽呈
康熙十九年 鍾 與此呈 王父臺登行示禁
此風遂無見聞數年來扎印爾簽編戶伉儷
不知藉此保全者何限亦 賢有司移風易
俗一大快事也今四明
范父臺慈祥邁前人手纂志書以端教化 鍾 見
文籍一志多係諸古蹟廢興序記有關風俗

者頗少請以此篇附登其末將使來者家傳而戶曉其在名柱生成中者又豈特一世已哉

鍾自記

德化縣志卷之十五

雜志上

古蹟

范正輅曰龍潯岡巒向無經營卜築可以詩耀今古間有一二營建盡委于荒煙蔓草中今姑志之正如奕禩帝丘聊以備考古者之一助云志古蹟

令廳在縣治東南沙坂宋建炎三年建後以縣不滿萬戶罷令廳為民廬

簿廳在縣西偏趙師霆重立先是中堂之側有篆書忠信篤敬四字筆墨精古紹興十一年簿黃廷瑞加脩整徙揭廳事之上令陳阜鍰之板東偏有三友堂

尉廳在縣治東三百餘步慶元三年趙汝陀重建前西偏爲講武亭太平興國間建坐南向北嘉興間縣令以射王山爲嫌移基於北淳祐七年尉孫應鳳仍舊址重建東爲甲仗庫東偏爲雙瑞亭有池可一二畝瀦水爲閣尉洪格記

春波樓在縣治並縣門南宋宣和間令陳熊建前
瞰溪流淳熙丁酉火令趙彥重建淳祐丙午尉
孫應鳳爲門以翼之
龍潯驛在縣西坊隅嘉定間李瑞誼重建今遷儒
學
上壅驛在縣西北東西團距縣六十里宋時建後
廢今存故址
東西團巡檢接官亭在靈化里
石山舖縣西北距丘店舖二十里

丘店舖縣西北距赤水舖二十里三縣寨在焉
赤水舖在十八都西北距半林舖二十里又一路
　至銀場坑路口斜出五十里至尤溪縣界
半林舖在湯泉上西北至湯頭舖二十里
湯頭舖在下湯團西北至湯尾舖二十里
湯尾舖在湯泉下西北至中腰舖二十里
中腰舖在湯泉下
東西團巡檢司在縣西北東西團元時設明洪武
初因之二十年江夏侯周德興徙置於同安縣

之官澳其故址後爲預備西倉

清泰里巡檢司在縣東北清泰里元時設明洪武初因之二十年江夏侯周德興徙置于惠安縣之黄崎村其故址後爲屯倉

小尤巡檢司在縣西北小尤中元時設明因之後廢

楊梅團巡檢司在縣北楊梅上元時設明因之後廢

南塔在還化里程田寺側舊高數丈夜常有光後

傾頽得碎支佛骨佛牙舍利於其頂後移建於佛殿之東增爲七級高七尋以牙骨藏之其光不絕古讖云東塔圍西塔圍德化出狀元

西塔在縣西登高山之側

上壅雙塔在縣西北東西圍舊屬尤溪僞閩王後割屬德化環里皆山有平田十里許古謠云行到尤溪上壅鄉東西立塔足財糧三百年中稱德化北西定架狀元圻邑人徐千陵因倡爲二塔扁之曰魁星應謠語也

獅寳塔在縣東南巽方天啓二年署象府通判閩
人宗望倡議邑令林大倘始事令桂振宇落成
并建春臺於下邑爲立三賢祠順治四年燬於
寇

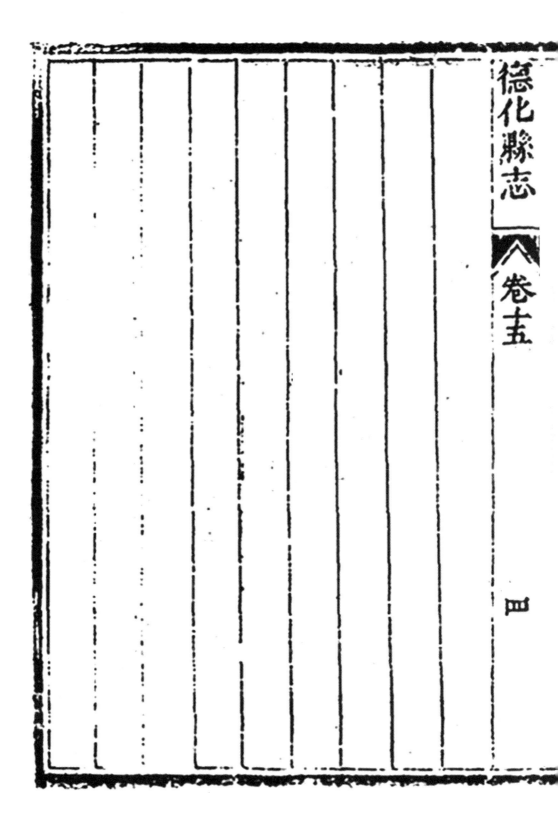

墳墓

林汪逵曰漢蒯通塋燕西山後人有欲營塋其地忽見儒丈夫曰我蒯通也與君無佹毋毁我其人驚而止然則鬼者歸也歸乎土以土爲宅魂氣卽無不之猶未免戀抔土耶德邑俗重掃墓誌其名之特著與無人祭掃者告後世以毋毁也志墳墓

馬家墓

馬家墓在新化里丘店村龍嶺載廸理全書謂之

曾丞相墓在新化里石山溪頭頂宋丞相曾公亮
常來祭祖寓路旁山庵遂額之曰相安寺

曹學師墓在薛蘀峰下程田寺之東師殞于任殯
於官舍與其子二恐不能歸通庠為塟於此歲
有泮池租斗級資以祭掃

王千總名世爵墓在接官亭上官路之右旁順治
十四年與今投誠總兵林忠戰螺坑沒於王事
塟此

寺宇

范正幹曰邑之廟貌無多皆昔所禦災捍患而尸祝者也固無煩淫祠之毀矣至僊宮梵刹盡屬高人逸躅賦詩賜額歷世多之是又烏可以不載志寺宇

程田寺在縣東南唐時真濟祖師坐化於此至五代邑人程國知施田建寺因以名焉山名薛蘿峰有坐禪石長者田化身井傍有梓樹葉不落井亦長清旱不涸潦不溢真濟塔梅花塢皆舊蹟也傍山三關崙古

松蒼鬱作縣治東南屏案煙雲翠微異鳥間關下有勝洪園竹樹茂蔭夏月納凉其中曲徑石梯暑氣頓消附郭勝地也西畔數十武爲栖蓮室住僧三樞雲遊至四明禮阿育王塔見舍利光歸建此爲閉關地爽塏而幽寂別一洞天初塑佛時夜忽庭間堂上光亮如月移刻方滅又時梅花八月開池蓮紅白并朵亦一奇也三樞戒行端嚴通文墨初不諳畫塑忽能自塑佛像極其莊嚴及畫山水屋木花卉比歲山海變亂

兵馬雲屯賴其道力寺無殘毀
祝聖寺元因程田寺去邦外里許不便習儀明崇
禎間令桂振宇乃於縣堂東舊學宮隙地建寺
以奉祝聖御牌并爲鄉約講所以寺後爲僧會
司西廳爲道院院後爲道變祠設道會司主之
有田東埔等段租一千二百觔今入程田寺供
三寶香火邑紳郭維翰記其事末年爲兵火所
毁而
國朝祝聖遂在程田矣

戴雲寺在新化里戴雲山之下宋嘉祺三年僧懷鑿建戴雲爲邑之鎮山而寺極宏敞幽靜隔絕人煙邑之勝寺也

龍湖寺在新化里太湖山一名金碧峰寺前有湖名青草湖在高峯絕頂而凹處似船四山環繞有滴水巖絕佳多奇花異草風景幽雅

五華寺在永豊里五華山唐咸通間僧無晦建端午泉在焉

香林寺在楊梅上五代末僧守珍建於本團湖山

之北宋天聖元年僧鄭道徽許丁他求林氏墓
地而别擇吉地爲林墳塋始建於西林二年賜
額鄉林宣化元年邑人林貞等募衆重修平地
臨溪香火甚盛
法林寺在東西團上湧鄉
雲峯寺在小尤中團
儀林寺在永豐里後塘鄉今廢
中興寺在永豐里今廢
永安巖在湯泉里九傷南俗名荇菜巖老樹流泉

風景幽美北上數里即靈鷲巖僊峰巖也
九僊二巖在東西團湯泉之界巖居絕巘左爲靈鷲巖栓壁皆石唐僧開山所建也時屋瓦皆欲以石爲之徒無北曰是使後人無功乃石其半右爲僊峰巖道場舊基甚大興廢不知何年明萬曆間再建一室龍池在其前山之靈異靡右於斯明時郡縣紳士來遊者賦咏不可勝紀
獅子巖在湯泉里上團山多喬木其境幽絕可愛獅頂尤佳石洞谽谺舊傳多怪與大田接壤

水府巖在縣東五十里大地鄉地勢深阻宇基甚廣昔有蘇姓者屯兵於此戰殁血染石上至今尚赤鄉民祠之神號十萬惠者宋元之間所云山洞畬民之將與

黃佛巖在七臺山之頂高絕險峻與人煙遙隔昔有黃公於此蛻化故名

天馬巖在天馬山之陰

金雞巖在騰巘角山之東晋明祖師蛻化於此

虎貫巖在戴雲山南十里山勢陡拔嵯峨澗泉清

激地宜竹茗懸崖有巢山洞下臨千仞內有餘炭傳云昔人鍊汞處也崇禎間僧惶裹始卜闢道場探奇者遂接踵矣山頂有砦甚險邑中人士避亂者多因嶮而托處焉

東嶽廟在東門外宋嘉熙己亥建歲久傾頹明宣德間何令重新後令許仁申改爲陰陽學醫學惠民藥局然嶽廟凡各郡縣皆有之取其好生之義未可與淫祠槩論也故未幾遂復爲曆崇禎間神極靈赫左右居民數千家文物富庶崇

事最篤廟宇佛像極一時之盛火於賊國初令
王榜始建今廟
忠應廟在歸化里卽顏長祠宋乾道二年賜額忠
應侯廟淳祐二年加孚祐誥詞云德邑泉之屬
也爾神嘗爲長於斯生愛其民殁而福之宜也
然天時水旱虫蝗災癘吏請於神而得其效若
返之昏懦貪墨以害吾民而有司不能舉者神
豈得不疾去之以稱吾意乎翊衛二神一姓莊
一姓鄭

英顯廟在湯泉上團神一名謨一名烈紹定二年
以神捍寇有功賜額英顯
小尤廟在小尤上團二神一姓章一姓林唐末人
因黄巢之亂居於此殁而有靈鄉人立祠奉之
庚寅汀寇自尤嶺而來忽皆遁去若有驅之者
人以爲神之功
金液洞在縣正西景致幽奇泉水并列與濟川蛇
於此
紫雲洞在縣東南濟川長子曰景陽者脩真養氣

於此一日謂其徒曰吾道成明旦欲示寂果然
至今其山常有雲氣蒸蔚故名

石壘洞在石牛山之東巨石壘積如牛頭形洞屋
即上層為棟宇下層為址也神座之下有穴深
杳山魈所出入洞頂高峰可以觀日康熙初忽
大雷自洞起擊折上層石屋壓塞洞門至今尚
不能開鑿

龍峰巘在杏嶺大尖山昔有崔道者愛其峻拔幽
秀居此蛻化後奉像祀之

按泉南古稱佛國刹宇無處無之宋舊誌所載德化五鄉寺占五十一所庵占九所明三百年存者十之一二蓋其與民雜揉敗俗傷化者長民君子漸毀之或爲書院或爲社學邪正衰隆於焉見矣若夫奇峰絕壑人跡不到之處方外闢而靜脩君子欣然企踵遂使天地高廣若爲開擴德邑山水夙稱奇絕而巖寺所擅尤勝稍次列之亦遊覽之助也

釋道

范正幹曰釋道之志匪志怪也其生也能祈雨能鬬魃其歿也能驅疫能逐魅如凌倚樹之隨徙乞靈緒邑令之洗蝗得力推斯類也事雖幻功奚可泯乎志釋道

袒膊和尚名知堯不知何許人唐時始居府城開元東律巷恒袒一膊行乞於市初寒霜雪中猶然故號爲袒膊以戴雲山闃絕可廬遂居之不火食著累月有詩云戴雲山頂白雲齊登頂方

知世界低興草芥花人不識一池分作九條溪
宋大中十二年遊人陳叔幾舊名則夢亮謂曰
爾改名改籍永春當得第叔幾如其言後果登
第

慈感祖師祖膊之師也祖膊欲往府師謂之曰當
有急難嚙指我即來救會太守祈雨祖師笑之
太守怒欲焚之烈日中令祈雨不應即焚之祖師
嚙指忽黑雲自西北飛到大雨如注故至今禱
雨必力請於慈感師與應如響不能殫述

行端祖師姓陳唐天祐間脩行程田寺後逝邑人像而祠之六月望爲師誕辰每歲是日皆有靈霖汪瀧滿街衢人謂洗市雨凡水旱必禱禱無不應宋紹興十年贈太師後賜號慧慈復賜號真濟丙午夏霖雨溪漲橋斷尉孫應鳳東向遥拜遣价持瓣香往祈晴遂開霽水退民賴以安後有舁師像祈禱者師忽降靈擡者四人從深淵上躍過如飛水弗濡足師座東偏有師逝輪一香几一日無故忽跳前數步視之倏然山頹

積土於空而殿之梁木皆無恙康熙元年寺後大樹偃仆榱棟崩壓龕座悉碎師三像儼然毫無虧損其愆異如此後僧海濟溪閩重新殿宇改三關斧箭道以安寺脉而祖師祈禱更靈

無晦蜀人姓陸氏唐咸通間棲真于五華山與虎爲居人號蹲巖飛錫五把營搆禪室山竭水無晦穴土得泉深數十丈名端午泉指語人曰此水萬年於端午溢至欄後果然又自作偈語藏塑佛腹迨後人重新時其偈始出偈曰當年養

道自雲邊道點靈光徹後先五把鉢飛營衛地
一源泉湧井中天澍像岩頭人自覓圓真石上
虎蹲禪古今利濟乾坤老但聽鐘聲無悔然
張道源又名克勤紹定庚寅歲遇異人於邑九資
溪使負之渡乃曰我泰山佛傳汝心印自是靈
異又夢神人導往興境山中有地曰泰湖水石
泉巖可居後與山人陟山巔宛如夢中景乃寂
於泰湖永德二邑與上游諸縣多奉祠之以祈
穀每歲寺中迎香者近千垂慈福世甚多靈異

丁他姓許邑蒿畈人自幼爲僧持戒律甚嚴三十二年不澡浴人譏之曰形體外物宋元豐間卒年九十七將入滅取猪首不割而噉幾盡遂坐化其身不壞其徒奉之如生後二十年爪髮復長四寸觀者如市刺其臂血流三日乃乾至今眞身現存

鄭道徽丁他師弟邑梓溪人寂於萊嶺其姑號以求之故曰姑洒嶺也淩御史帶二師香火以隨明文皇征伐上見雲中二僧淩以其事告遂賜

號智雲慧海二祖師

無比普慧二和尚師弟也沙縣人唐開元間同居九僊山一日普慧謂師曰吾欲焚化師曰汝焚化我即示寂無比遂至峯頂趺坐發燄自焚光照巖前池中師見之即入巖端坐而化今山故分左右兩巖

普明祖師姓詹幼爲人牧牛令諸牧者瞑目隨之入郡看戲倒插其梢遂成竹林人方知其奇遂擇居金雞巖而化

史公祖師晉江人經傾薦棄之脩煉于九僊山示寂數日其體如生異香蒸蒸不散乃餙像建巖逐疫驅蝗受令如響邑迎驅蝗纔至塗坂舁縣五里許異香已達于縣邑令緒公疑巫有術令繩縛簽櫝懸之遣巫禱請繩斷簽若懸空少頃乃正坐於地風水大震蝗去如洗緒令乃信服之

蘇紹成邑八秀棄於郡城天慶觀後隱於北山朱文公頗善之嘗造其廬書廉靜二字與之且錄

其琴曰養君中和之正性禁爾忿欲之邪心乾
坤無言物有則我獨與子鈞其深

陳朗字子燮楊梅中人宋末遇僊授以草履朗受
而着之行疾如飛百里立至人謂其騰空尤精
於地理之學邑中故老相傳每稱陳朗僊云今
葛坑山石上有陳仙跡

張法師名自觀閩清人宋南渡後煉性於蕉溪山
之石鼓巖見石牛山夜火晶熒知有魑魅因往
其處魅方迎婦於人家輿馬甚盛師出掌令人

從指縫覷之方知其魋因與魁鬪於磐山之上履懸崖上下石上髮尻脛踵之迹宛如刻畫因奪其窟宅坐化鎮之今座下洞穴深黑祈禱倏失物以語神即倏在英靈如生山魋迷人鄉間往往有之皆賴師道力請以驅逐民甚賴焉

吳濟川永豐里人元至正間隱居雪山金液洞蓬首垢面鍊液養真惟飲水一盞洪武戊申沐浴端坐而逝明日神往蒲見塑匠曰我泉之德化金液洞徐友山也請塑吾師真人像第先行吾

亦隨至匠來其徒問曰誰相召匠以其名告衆大驚異經數十日肌體柔潤如生所塑真身至今猶存旱疫禱之立應驅逐精魅事多奇惟弟吳隱山亦得其秘訣生化有靈子五人皆成道長名景陽

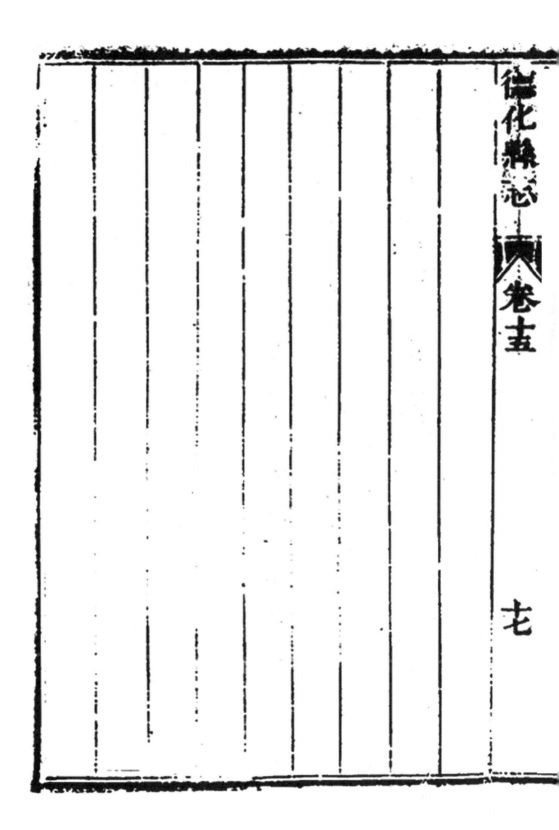

德化縣志卷之十六

雜志下

盜賊

范正輅曰泉郡濵海德獨倚川介處數邑間一隅竊發雲集而響應之雖有險可憑亦挺之使走耳然則嚴保甲練鄉勇守關隘餙汛防爲未雨綢繆計者可不講籌于平昔耶志盜賊

宋紹定二年庚戌盜發汀郡犯德化永春二邑觀

文知院陳韡爲招捕使遣偏師擒其酋歸所掠
人有更生之喜因與眞西山合祠祠在郡行春門外

明正統十四年沙縣鄧茂七作亂分其黨掠泉州
燒德化縣治結寨山谷復攻郡城知府熊尚初
拒戰於古陵敗績州將王指揮斂兵弗援與晉
江王簿史孟常正衛楊士洪俱死之

弘治五年漳平盜溫文進寇安溪攻陷縣治掠德
化按察副使司馬望督官民兵討平之

正德元年廣東盜始入閩人不滿九十自南靖流

掠長泰所至俘質婦女索金帛官兵不能禦遂
入安溪德化縣
嘉靖元年秋廣東汀漳盜流掠安溪南安永春遂
入德化二年元月癸卯賊至自德化掠永春官
兵邀擊之戊申覆鼎鄉兵設伏以待賊聞覆鼎
有備奔安溪官兵以是日敗之于加胡隔辛亥
泉兵與賊戰於高坪擒泉州衛經歷蔣彥乙酉
漳泉合兵復戰于霞村擒漳州府通判施福倪
以金贖回六月賊復至僅九十三人七月入興

化涵頭殺掠甚慘與泉合兵數千攻之鋒一交
輒敗相持數日我兵不能獲其一矢三年冬十
月廣東汀漳盜復來寇御史簡霄按泉檄按察
僉事聶琪督諸縣兵擊之十月十二日南安知
縣顏容端德化梅春安溪龔頴永春柴鑑同安
典史周惟會之兵至溪母岬龍溪民亦以兵來
會是日夜賊自鷄母岬奔德化小尤中凡二十
四日我兵追及圍之賊窮奔入民黄舜大家悍
兵四合擒斬無遺類是時德化楊梅中張永成

督戰勇勦殺有功

四十年五月竹濘盜首永春崎安入德化小尤中一遁而去後程鄉河頭竹濘各賊首如蘇阿普廖銑賴宗藩等連歲出沒無有寧日至一月抄掠四五次民居焚燒一空有春燕巢林之慘牛羊產畜靡有孑遺民死於兵不可勝計坐是田地拋荒米銀錢四升鹽銀錢三觔魚肉經年人不得食思亂不可遏止永春呂尚四林文煥張時雄等因而糾逆合脅從三萬餘人是月二日

掠南安倭遊六日由倭遊進入德化石傑等處二十二日攻城相持至二十七日乃大舉分布城外焚毀民廬連營數十處造牛皮之車竹梯竹牌百餘包聚若蟻次月五日令張大綱率衆刼營斬首數十級呂尚四等乃棄甲而奔我兵乘勝追搗其穴擒斬百餘級呂尚四僅以身遁入倭黨償死嗣後兵火相繼民無寢處餐風宿露疫死大半至四十二年各鄉築寨乃得稍安是年十一月倭寇千餘由閩清入德化至下湧

坂攻寨積半月餘不下乃扶傷出郭坂寨方築基高四五尺居民集其上爲死守計倭至喊聲若雷折屋門負竹牌拋石飛矢竟日不爲避倭亦重傷各歸營寨我兵乃下拾戰具次早寇逡巡視之知無可如何棄去過邑西門竟往仙遊遁入漳州朝天嶺都督戚繼光殲滅殆盡皆德化鄉兵挫其鋒也

崇禎壬午年因鄰城官幹收租虐民不堪南安鄉民遂會衆華斗桃而賊因之以聚衆作亂魁林

民順五十餘人歷永春抵德化英山後格等處焚掠彼時人享盛平已久聞賊驚竄相率築寨以避之賊横行鄉村無敢禦者令李元龍遣署捕督兵往戰于後格失二人賊益張入屯於草吉壚掐窯遂有黄舉和尚老張六合等賊遊擊黄月昇提兵擊之於小尤上格殺黄舉和尚老張六合出陥山湖寨攻火鋒寨不克而似遊賊林隆復反攻永春湖洋沿入大地等鄉南埕鄉民有勾通者鄉官因按持其鄉甚急遂拒捕官

過令自督兵勦之鄉民出不意遂剿一寨也後
鄭總兵爲招安乃定
國朝順治四年二月尤溪賊王繼忠乘夜襲破縣城
事出不虞縣令學師被擄俱匿民家一日夜援
兵纔到繼忠擄掠奔回尤溪至九月內南埕
延書張鎰又率衆萬餘圍城焚冲霄塔雲龍橋
仍燬文廟割禾爲糧復擄掠於各鄉城中食盡
繼以菇草其時七邑皆有賊聚援兵寸步難行
守將乃棄城逼知縣黃琮遇害群寇擁擠入城

竄爲擎掠縣堂民舍焚燬靡遺邑逾年無官賊亦互自相屠殺戮日慘各鄉皆練鄉勇以自圖至順治五年冬馬提督統兵恢復張益兆廷幸等相繼殺獨雙坑寨抗戰馬提督攻之不克又明年王滿韓三副將築圍困之乃潰圍走復依阻於南埕洞屢出劫掠德之亂故又不靖也迨順治十一年復出巡餉於邑之各社至十二月命其將復陷縣城至十二年秋今總兵林忠義投誠復觀望抗拒戰殺千總王世爵至十四年

乃出魁黨百餘人戡援任戡醫農戡移住邑乃

獲安

順治十五年賊許于敬本宮家于見招撫得官欣

欣然又有賊首李高出没於尤溪大田永春間

于敬陰與交通遂反劫東厝寨營於吉嶺尖令

何之旭告懇於馬提督遣王副總逐之敬奔就

李高于永春之四五都明年正月令何之旭自

率鄉兵攻之再奔入德化令追之懇初戰殺傷

相當過之反爲所乘失十數人賊遂遁於十八

杜令攻之益急走則日夜尾之總兵林彪遣人
招安在賊中別之由永春赴馬提督投降令白
提督殺之此後邑乃無賊
康熙十三年甲寅三月十五日靖南王耿精忠反
據福州傳檄入閩提督王進功投應之縱兵掠
泉郡二十三日德化防守千總李雲龍聞風刦
掣知縣何際美挾取庫銀數百兩將大掠會府
檄至安民乃定六月海僞招討將軍鄭經兵據
漳泉分遣僞總兵康熊僞知縣林性榮入據德

化八月德化民壯至丘岩西至塗嶺東至蕉溪
等處合兵號爲義武五營屯扎必藉險要地拒
賊有僞官三十餘帶僞劄入湯泉里募兵雙翰
民殺之十二月初八日僞總兵黃雲率寇攻義
武營民兵與戰敗績雲從塔仔崎乘勝追至佛
嶺格鄉兵奔潰死傷甚衆賊沿途抄掠丘岩石
山等處民屋無存初九日僞將黃雲率賊兵三
千乘勝攻塗坂寨盡燒寨外民屋發棺棄屍秦
內不滿五十家練總李寶球等商計固守砲無

虛發雲兵死傷二百餘人攻二十日不下各寨合兵來援不勝奔潰黄球等懼孤城難守納餉款降二十日海僞知縣林惟榮病回以葉麗生爲僞知縣

十四年乙卯時海寇派各邑富户充餉刑拷無完膚議遣僞餉官入德人心惶懼武舉李公培乘民情擾惑密舉各鄉義兵以圖恢復聞者雲合推公培主盟分設部伍密約城中居民爲内應初四夜率兵五千餘人刼城勢張而公培舊

病發死於半途次早餘兵始至城下有備潰散

而公埒田產廬舍九族株連不堪言矣

十五年五月海僞知縣葉麗生病回以辜銀爲僞

知縣

十六年丁巳二月　王師克復泉州十一日僞知

縣辜銀逃回海上六月海僞督劉國軒復攻圍

泉州時海澄縣陷賊勢復張國軒預設官將分

據七邑有白頭賊數千與海賊犄角遥應圍攻

安溪縣月餘不克别將分掠德邑邑遭水之後

又際新復城內空虛知縣王之紀與千總馬虎思難固守奔仙遊將乞師於省七月十四日劉國軒方遣僞將葉明僞知縣唐用率兵二千餘人入德白頭賊別將復由德十八格分掠大田九月吳撫院喇將軍分道大援泉州吳撫院由永春白隔嶺入遂分遣令王之紀與仙遊令領邑鄉兵恢復德化葉明等聞國軒退走泉州併圍不敢由故道歸擁夜棄城奔清太里攻高際寨不勝復由高際小徑沿途焚掠達漳歸海而

白頭賊寇大田者亦被鄉兵擒殺殆盡郡邑告
平

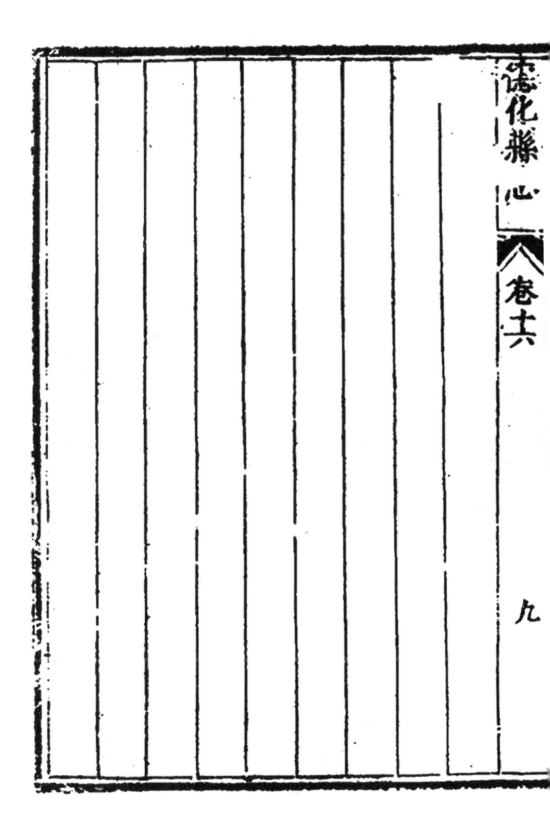

祥異

林汪遠曰德自雷雨甦溪爰啓文明斯邑之祥也若夫地瘠民貧惟望年豐歲稔爲瑞乃歷數百年未聞書大有年者何其難也至災異見告時時有之水旱猛獸災不虛生誌以上聞當廑廟堂脩省之慮矧官茲土者也志祥異

寶藏靈鐘　宋寶藏寺未建之時有牧者繫牛於此忽有一人追之須臾不見後即其地掘之得

洪鐘其聲鍧鍧然聞于數里後人爲僉寺故以寳藏名焉

僊人足跡　石傑山上有大石石上有一巨人足跡對山盤山上亦有之相距半里許跡長二尺徑八寸相傳昔有僊人憩於此

普光僊筆　普光寺昔有一道人來遊其間戲畫山水於寺壁水波洶湧如真尋失道人所在

蔣氏巨木　東西園有蔣氏者所居門外有巨木十四五圍葉有稜刺莫知其名百鳥不敢栖

泥沙怨婦　惠民岡下碧村相傳昔有一農夫耕
於野婦饁之適飯有沙怒其婦欲毆之偶值張
道人過見之爲勸止道人一頓足而地震田沙
去矣今環村五里許無沙驗之信然

枯樹重生　明崇禎九年縣廨後山有樟大圍丈
許枯已數年忽枝葉秀茂合邑以爲令姚暹愛
民之祥

黑虎行災　洪武二十年以後黑虎爲災群虎四
出或白晝噬人於牖下民閉門以避緣是死亡

相續戶口耗凡野荒

白毛生地　正德十二年地發白毛延於八郡五鋒木柄俱有之一夜長二三寸或四五寸民驚駭莫知所爲凡兩閱月乃沒

嘉靖四十一年田鼠大作一畝之田至有數千者春食秧夏食苗畦畔介然鼠道草爲不生耕者望之涕淚而已次年穀貴人多餓死

四十三年五月十九夜暴雨黎明縣前水深丈餘衝激之聲若雷民居漂流過半牛畜類漂流

衆街而下不可撈救男女逃縣後山須臾間街之南北不可相通東城崩壞無餘垂白之老謂從來不見此水是年正月十六日大雨雹至七月初十午忽然雲暗如昏大風猛烈冰雹如彈人皆閉戶無河四山盡白平地盈尺須臾而銷

是年有蘇阿普干戈之警

四十四年十一月初四日寒甚雨灑林木盡冰人稱罕見

萬曆四十五年丁酉大水漂沒廬舍民苦不可勝

計壞雲龍橋橋上溺死者復數十人
癸丑年復大水復壞雲龍橋民舍物畜漂溺亦多
崇禎十五年壬午各處雨水如血處有處無或一
屋之溜左白而右紅者有人家承溜舉桶皆紅
者見者驚疑以甕承空中亦紅白不等
國朝順治十三年丙申上元八天寒大雪平地五尺許
故老相傳以爲從前未見
康熙十五年丙辰四月十六日大雨溪水大漲衝
邑西南門入城平地水忽湧出頃刻淹屋白浪

滔天自東至西城垣樓屋漂沒[illegible][illegible]邑民千餘
十存一二城治一空濱水自上流塗坂至樂陶
以下民遭溺無數沿溪田廬漂蕩殆盡水退死
屍枕藉號泣之聲遍滿道路壞山崩裂山頂水
湧出如泉半月始涸氣有邑以來未有之奇災
也時海賊擄邑

康熙二十年至二十一年附郭在坊等處虎白晝
四出為災不匝月遭噬百餘人聞人喊聲虎隨
即至人見一虎頭似馬項上赤鬣兩垂後脚獨

小後塗坂人伏銃殺之視其狀果然至冬又有虎在梅上中里噬人無數至二十二年其害未息